WILLIAM FAULKNER

포크너의 남부

WILLIAM FAULKNER

포크너의 남부

| 김영미 지음 |

...n to try...the simple furious breathing (or writing) span of the individual
a savage indictment of the contemporary scene or to escape from it into
believe...gion of swords and magnolias and mocking birds which perhaps
existed ...ywhere. Both of the courses are rooted in sentiment: ... Anyway
...our...matter of violent partisanship, in which the writer unconciously
...ne and phrase his violent despairs and rages and frustrations
...es of still more violent hopes.

KSi 한국학술정보㈜

머리말

　　　　　영미문학을 연구하는 학자 중 포크너의 위대성을 부인할 사람은 거의 없을 것이다. 그는 셰익스피어를 제외하고는 가장 많이 연구된 작가이며, 1974년 이후 그에 관한 학회가 미시시피에서 매년 열리고 있고, 그의 이름을 딴 잡지(*Faulkner Journal*) 역시 1985년에 창간되어 지금까지 많은 연구 논문들을 게재해오고 있다. 그는 학자들 뿐 아니라, 작가들에게도 깊은 영향을 끼쳤다. 저명한 미국 비평가, 블룸(Harold Bloom)은 최근 발표한 글[1]에서, 아프리카계 미국 작가들 중 가장 높은 예술적 성취를 이룬 작가로 엘리슨(Ralph Ellison)과 모리슨(Toni Morrison)을 들었는데, 이 두 작가가 자신들의 문학적 선조 중 한 사람으로 거론한 이가 바로 포크너였다. 그리고 『소피의 선택』(*Sophies' Choice*)으로 우리에게 잘 알려진

---

1) Harold Bloom, "Two African-American Masters of the American Novel." The Journal of Blacks in Higher Education No 28(Summer 2000): 89-93 참조

남부 출신의 백인 작가, 스타이런(William Styron) 역시 포크너에 필적하는 훌륭한 작가가 되는 것이 꿈이었던 작가였다. 포크너의 영향력은 자국 내의 이 뛰어난 작가들에게만 국한되지 않고, 카리브해 연안 작가들과 라틴아메리카 작가들에게서도 나타난다. 그리하여 최근에는 이 작가들과 포크너를 비교 연구한 논문들도 발표되고 있다.

고백컨대 필자의 박사논문을 토대로 이번에 출간하게 되는 이 책은 포크너의 작품 세계의 다양한 면모들을 다 포괄하지도 못하고, 또 새로운 통찰력을 자신 있게 내세울 처지도 못된다. 그저 포크너 전문 학자로서 내딛는 첫 발걸음의 의미만을 담고 있다. 이 책은 포크너의 작품 중에서 국내에서 많이 읽히고 연구되는 작품들인 『소리와 분노』(*The Sound and the Fury*, 1929)와 『압살롬, 압살롬!』(*Absalom, Absalom!*, 1936)이 복잡한 남부의 현실을 어떻게 재현하고 있는지를 부성탐구의 주제를 통해 살펴본 연구서이다. 주지하다시피 포크너는 소설 형식의 혁신적인 실험과 변화를 모색한 대표적인 모더니즘 작가이면서도 자신이 속한 남부 현실을 치열하게 탐구한 작가이기도 하다. 포크너는 자신이 다른 것에 대해 알고 그것에 대해 쓸 시간이 없었기 때문에, 그저 우연히 자기가 아는 남부에 대해 썼노라고 카울리(Malcome Cowley)에게 보낸 편지에서 밝혔지만(15), 그의 작품들은 우리가 직접 알 길이 없는 지역, 우리가 태어나기도 전에 사라진 과거 속의 세계로 우리를 인도하며, "남부에 대해 글을 쓰는 모든 미국 작가들"에게 "그림자를 드리우고"(Margaret Donovan Bever 재인용 4) 있다. 뿐 아니라 그의 작품들은 역사가들의 역사의식 형성에도 영향을 끼쳤다고 하니, 훌륭한 문학은 역사서 못지않은,

아니 어떤 면에서 역사서보다 더 통렬한 인식을 제공한다는 명제를 확인시켜주고 있다.

개인의 의지와 무관하게 얽혀있는 부담스러운 역사 속에서 개개인이 느끼는 고뇌와 갈등을 고통스러울 만큼 생생하게 전달하는 이 두 작품에 대한 본 연구서를 통해, 포크너 문학의 한 핵심에 독자들이 가 닿기를 바란다.

Contents

I. 서 론

　　　　　본 연구는 윌리엄 포크너(William Faulkner: 1897-1962)
의 주요 소설들을 사회적, 역사적 맥락에서 읽어내고자 하는 시도이
다. 본 연구의 이런 입장은 두 가지 명제를 전제로 한다. 그것은 첫
째, 모든 글쓰기는 역사적 계기에 의해 조건 지어지는 사회적 실천
이라는 것이고, 둘째, 작가는 그가 속한 사회 속의 다른 담론적 실
천과의 관계 속에서 작품을 쓴다는 명제이다.

　사실 포크너의 작품은 일관되게 남부 지역을 재현하고 있으므로
남부 세계와 포크너의 관련성은 포크너 비평의 기본 전제를 이루었
다. 포크너의 인물을 이해하는 일은 곧 그의 가족과 지역을 이해하
는 일이었다. 칼티그너(D. M. Kartiganer)의 지적처럼 "증조부, 부모,
조상들의 축적된 정체성이 개별 인물들과 분리될 수 없는 콘텍스
트"(891)를 이루는 것이 포크너의 소설이다. 포크너 소설의 인물들은
"자신의 통제를 벗어난 어떤 알 수 없는 힘에 낚아채어져 있지만 그

힘은 언제나 이 세계 내에 있는 힘"이며 "인물들에게 있어 환경은 자아 바깥에 있는 현실이 아니라 깊이 내면화"(Andre Bleikasten 355 — 58)되어 있는 어떤 것이다. 그리하여 포크너 소설이 지닌 실험적이고 내면적인 경향을 이야기할 때에도 남부 현실에 대한 그의 인식의 문제가 언제나 함께 거론된다. 그리고 포크너의 탁월함을 논할 때 으레 이야기되는 것이 남부 지역에 대한 그의 예리한 통찰이다.

　당대의 독자와 비평가들의 관심을 거의 받지 못하던 포크너를 무관심에서 건져내는 데 크게 기여한 카울리(Malcome Cowley)와 포크너의 작품을 확고한 정전의 위치로 올려놓은 브룩스(Cleanth Brooks), 워렌(R.P.Warren) 등의 신비평가들로부터, 구조주의, 정신분석학 등의 방법을 원용하여 포크너의 작품을 섬세하게 읽어내는 블레이카스탄, 맑시즘적 입장에서 포크너를 분석한 포터(Carolyn Porter) 등에 이르기까지 많은 비평가들이 포크너의 작품이 보여주는 역사적 통찰력을 높이 평가한다. 그리고 이런 평가는 비단 비평가들에게만 국한되지 않았다. 역사가 우드워드(Vann Woodward)는 포크너를 비롯한 남부 르네상스 작가들이 소수의 죽은 작가들을 제외하고 다른 어떤 살아 있는 미국 작가들도 말한 적이 없는 어떤 "특별한 것"을 이야기하고 있다고 말한다(30). 그는 자신을 비롯한 남부 역사가들이 역사의식을 형성하는 데 포크너를 포함한 남부 작가들로부터 큰 도움을 받았다고 언급한다. 그리고 포크너보다 한 세대 더 뒤에 작품 활동을 하면서 흑인들의 삶을 내부로부터 탁월하게 형상화한 작가로 평가받는 흑인 여성작가, 토니 모리슨(Toni Morrison) 역시 "어떤 시대를 분명하게 연구한 작가의 정점"에 서 있는 작가로 포크너를 말한다(297). 그녀에 의하면 포크너가 "비껴가기를 거부하는," "남다른 식의 응시"를 하는 작가라는 것이다.

그런데 포크너의 작품이 보여주는 역사적 통찰력의 탁월함에 대한 비평적 합의에도 불구하고 그 역사적 통찰력이 이루어내는 구체적 내용에 대한 비평가들의 평가는 다르다. 가령 카울리, 워렌, 브룩스 같은 신비평가들은 포크너가 남부 땅과 그 땅에 사는 사람들을 사실주의적으로 잘 그려내고 있는 것을 큰 성취로 인정하지만 그들의 관심은 사실주의적인 성취에 있지 않다. 그들은 그보다, 포크너가 작품에서 재현한 세계를 통해 창조해 내는 "또 하나의 남부," "전설로서의 남부"(Warren 96)나 혹은 "현대인이 보편적으로 겪는 곤경의 재현"(Brooks, *William Faulkner: First Encounters* 2-3)에 대해 더 높은 가치를 부여한다. 물론 이들 신비평가들이 포크너 소설의 보편적인 특성을 강조했을 때 그것은 일차적으로 포크너가 작품 활동을 하던 당시 성행하고 있던 남부의 지방색 문학과 포크너의 변별성을 강조하기 위한 것이었다. 신비평가들이 보기에 포크너 문학은 특이하고 새로운 것을 강조하기 위해 남부의 변방 지역 사람들을 그리는 지방색 문학을 뛰어넘어 보편적으로 인간이 겪는 문제를 설득력 있게 제시하고 있다는 것이다. 하지만 이들 신비평가들의 포크너 평가에는 지방색 작가와의 차이를 드러내려는 의도 외에, 과거 남부 사회와 현대 미국 사회를 바라보는 그들의 시각이 개입되어 있다.[2]

---

2) 흔히 신비평가들에 대해 이야기할 때 역사성의 부재를 거론한다. 즉 신비평가들은 문학 작품이 생산된 사회적 역사적 문맥이나 작가의 의도에 대한 고려를 문학 외적인 것에 대한 관심이라고 배제하면서 작품의 내

포크너 비평을 통해 볼 때 그들이 비판한 당대의 역사 흐름은 다름 아닌 산업자본주의였다. 브룩스는 현대 미국 사회의 흐름이 자연을 점점 가혹하게 착취하며 과거와 역사를 경멸하고 물질과 과학 기술의 무한한 진보에 대한 꿈에 젖어 있다고 보았다(*William Faulkner: Toward Yoknapatawpha and Beyond* 96). 워렌 역시 현대 세계가 도덕적 혼돈 속에 있으며 현대 세계 속에서 개인은 사회와의 관계를 잃고 추상주의와 기계화의 희생자가 되었다고 말한다(98-9). 브룩스와 워렌은 포크너가 그리고 있는 구남부의 세계가 이런 혼돈된 세계에 대해 가치 있는 시각을 제시하고 있다고 보고 그 점에서 포크너를 높이 평가하는 것이다. 워렌은 포크너가 그리고 있는 전통적인 질서가 비판적인 역사가가 제시하는 그림과 정확히 일치하는 것이 중요한 것이 아니라, 포크너가 그린 전통적 질서가 현대 세계의 대조를 이루는 상징적인 역할을 한다는 것이 중요하다고 말한다(103). 브룩스 역시 포크너가 그려 보이는 구남부 세계가 현대 세계와 더 나아가 "전체 서구 문명"에 대해 "가장 특수하고 가치 있는 시각"을 제시한다고 평가한다(340). 그리고 이들이 포크너의 구남부 세계에서 발견하는 가치는 귀족 계급의 자질, 즉 사회적 책임감과 명예의식, 고귀하고 덕 있으며 이기적이지 않은 자질과 구남부 사회에 가능했

적 구조와 패턴에 관심을 기울일 것을 주장한 일종의 형식주의자들이라는 것이 신비평가들에 대한 일반적인 평가이다. 신비평가들의 주된 관심이 작품의 내적 구조에 있는 것은 사실이다. 그러나 신비평가들 역시 역사에 대한 관심을 무조건 배제하는 것은 아니다. 그들은 오히려 당대 역사 흐름에 대한 강한 비판의식이 있었다. 포크너에 대한 그들의 비평은 바로 이 점을 잘 보여준다.

던 공동체 의식과 민중문화(folk culture)였다. 물론 귀족 계급의 미덕에 대해 이야기할 때 이들은 노예제의 죄악과, 귀족 계급의 애초의 출신 성분이 귀족의 후예가 아니었다는 점을 전제로 이야기한다.3) 하지만 이들은 남부 사회의 핵심적인 모순이던 노예제의 죄악에 대해서 모호하게 흐리는 지점을 가지고 있다. 특히 브룩스는 역사가 유진 제노비스(Eugene Genovese)의 시각을 토대로 구남부사회가 노예제 사회이긴 했지만 근본적으로 부성주의에 기반을 둔 사회였기 때문에 백인 농장주와 흑인 노예 사이에 인간적인 관계가 가능했다고 본다. 그리고 귀족 계급이 지배계급으로서 헤게모니를 지닐 수 있었던 것도 귀족 계급이 지닌 부성적 의식과 명예의식, 책임감 등 고귀한 자질 때문에 가능했다고 주장한다. 브룩스는 포크너가 이런

---

3) 남부 귀족 계급이 영국의 귀족들의 후예가 아니라 하층민들과 부르주아에서 신분 상승한 사람들로 구성되어 있었다는 견해는 역사가 캐쉬에 의해 제시되었다. 캐쉬는 "기아에 직면한 노동자들, 감옥에서 나오려고 애쓴 채무자들, 모험에 몸을 던지려고 안달 난 견습공들이나 주인에게서 도망치려고 한 견습공들, 땅 주인의 세금에 싫증난 이들, 파산에 직면해 있어서 담배에서 한몫 잡으려 한 소지주들과 상점주인들, 실패와 절망에 시달리던 신경증 환자들, 그리고 오만한 귀족의 푸대접 아래에서 고통을 겪고 황야에서 왕족 같은 역할을 하겠다는 꿈에 부풀어 있던 몇몇 부유한 부르주아들"이 대서양을 건너 남부 정착민이 되었다고 지적하고 있다. 이는 남부 귀족을 기사도적 신사로 보려던 남부인들의 사고 경향에 정면 도전하는 시각으로서 이후 남부를 연구하는 역사가들과 포크너 비평가들에게 많은 영향을 끼쳤다. 브룩스에 의하면 지난 30년간의 포크너 연구의 배후에 캐쉬의 연구가 있다고 한다. W.J.Cash. *The Mind of South* (New York: Vintage Books, 1941) 참조.
Cleanth Brooks. "Appendix A: Tomas Sutpen: A Representative Southern Planter?" *William Faulkner: Toward Yoknapatawpha and Beyond.* (New Haven: Yale UP, 1973) p.286.

현실에 대한 충분한 인식이 있었기 때문에 구남부를 이상화하여 향수어린 시선으로 보지 않았다고 평가한다. 포크너는 노예제의 죄악을 알았고 귀족의 삶을 감상적으로 그리지 않으면서도 귀족 계층의 미덕과, 노예를 소유하고 있지 않은 자영농의 자기 존중, 사회의 가장 밑바닥에 있는 백인 하층과 흑인의 인간적 존엄을 잘 그려내었다는 것이 브룩스의 판단이다.

워렌과 브룩스로 대표되는 신비평은 포크너에 대해 평가할 때 그 기저에 현대 미국 문화/구남부 문화를 산업 자본주의 문화/농본적 문화로 대립적으로 보는 시각과, 구남부 문화가 지니고 있는 긍정적인 가치(농본적이고 귀족적인 가치)를 통해 현대 산업 자본주의 문화의 문제점을 극복하고자 하는 시각을 지니고 있다. 그들의 이런 시각은 장점과 한계를 동시에 지닌다. 우선 신비평적 시각은 포크너의 작품의 출발이 현대 세계, 보다 구체적으로 말하면 그가 작품 활동을 하던 1920년대와 30년대의 세계에 대한 비판이었다는 점을 알 수 있게 해 준다. 하지만 다른 한편으로 신비평은 포크너 작품 세계의 중요한 핵심을 놓치는 잘못을 범하고 있다. 필자가 보기에 포크너 작품의 성취는 그들이 말하는 것처럼, 현대 세계에 대한 비판을 구남부라는 이상적인 세계를 통해 제시하는 점에 있지 않다. 그것은 오히려 포크너의 의도와 벗어나는 것이다. 우리는 이 점을 포크너의 『소리와 분노』(*The Sound and the Fury* 1929)의 서문에서 확인할 수 있다.

우리들은 개별적으로 단순하고 격한 호흡(혹은 글쓰기)을 하는 동안, 현대적 풍경에 대해 가혹한 비판을 하거나, 그 현대적 풍경에서

도피해서, 아마도 결코 존재하지 않았을 검과 백목련과 앵무새가 나오는, 그럴 듯한 지역으로 들어가려 하는 듯이 보인다. 이 두 길 다 감상에 뿌리박고 있다: …… 어쨌건 각각의 길은 격렬한 당파성의 문제이다. 그 속에서 작가는 무의식적으로 매 행, 매 구절에 자신의 과격한 절망과 분노, 혹은 훨씬 더 과격한 희망에 대한 과격한 예언을 적어 놓고 있다.

We seem to try in the simple furious breathing (or writing) span of the individual to draw a savage indictment of the contemporary scene or to escape from it into a makebelieve region of swords and magnolias and mocking birds which perhaps never existed anywhere. Both of the courses are rooted in sentiment: …… Anyway, each course is a matter of violent partisanship, in which the writer unconciously writes into every line and phrase his violent despairs and rages and frustrations or his violent prophesies of still more violent hopes(25).

여기서 현대적 풍경에 대한 비판은 곧 산업주의에 대한 비판과 통하고, '검과 백목련과 앵무새'의 그럴 듯한 세계는 곧 이상화된 구 남부 세계를 의미한다. 포크너에 의하면 이 두 태도가 대립적으로 보이나 남부에 대한 감정적인 대응이라는 면에서 서로 긴밀하게 연결되어 있다는 것이다. 포크너의 이런 지적은 현대에 대한 비판의 경향이 과거에 대한 이상화의 경향과 닿을 수 있다는 위험성을 시사한 점에서 통찰력을 가지고 있다. 그런 점에서 이 지적은 30년대 농본주의자들의 경향성에 대한 일정한 거리를 내포하고 있다. 그렇게 볼 때 신비평가들은 포크너가 거리를 두고 싶어 하는 이 경향을 드러내는 것이고, 신비평가들의 이런 경향은 30년대 농본주의 운동에 뿌리를 둔 그들의 정체성을 확인시켜 준다.

이처럼 포크너는 과거 세계에 대한 이상화 경향과 거리를 둔 점에서는 농본주의자들과 달랐지만, 현대의 흐름에 대한 비판적 입장면에서는 농본주의자들과 같은 출발선상에 있었다. 그에게 있어 현대 세계는 산업 자본주의 세계를 의미했으며 그것은 신남부의 형태로 경험되었다. 『소리와 분노』 서문에서 포크너가 한 다음과 같은 말은 신남부에 대한 비판적 시각을 잘 보여준다.

> 남부는 …… 남북 전쟁 때 살해되어 죽었다. 분명 신남부라고 제멋대로 알려진 것이 존재한다. 하지만 그것은 남부가 아니다. 그것은 캔사스와 아이오아와 일리노이의 마을과 도시를 흉내 내어 마을과 도시를 다시 재건하는 이민자들의 땅일 뿐이다.

> The South …… is dead, killed by the Civil War. There is a thing known whimsically as the New South to be sure, but it is not the south. It is a land of Immigrants who are rebuilding the towns and cities into replicas of towns and cities in Kansas and Iowa and Illinois(24).

여기서 우리는 남북 전쟁 때 살해되어 죽은 남부, 즉 구남부에 대한 그의 애틋한 감정과, 이후 새로 생긴 신남부에 대한 반감, 낯선 의식을 읽을 수 있다. 구남부와 신남부의 대조는 남북 전쟁을 계기로 생긴 것으로서 구남부가 노예제를 기반으로 한 대농장 중심의 농본적인 사회였다면, 신남부는 농장 농업에 대한 전통적인 의존에서 벗어나 산업, 상업, 도시화에 근거한 사회를 지향했다. 구남부의 지배계급은 노예를 소유한 농장주였던 데 반해, 신남부의 지배계급은 상인, 사업가, 철도 개발업자, 금융업자들이었다. 신남부의 이 지배계급은 이전에 농장주였던 사람들을 포함하여 남부 생활에 완전히 적응하게 된 북부 이주민들, 남부 사회 하층에서 야심만만하게 신분상승한 남부 백인들로 구성되어 있었다. 신남부는 이렇게 새롭게 재편된 지배계급을 중심으로 남부를 산업의 본고장으로 만들고자 했다. 그리하여 남부에서는 재건 이후 방직업, 제철, 철강, 철도 산업 분야에서 상당한 팽창을 보였다. 그러나 남부의 산업 발전은 북부에 비해 매우 제한적이었으며 팽창을 보인 산업 분야의 자본도 대부분 북부에서 출자된 것이었다. 뿐만 아니라 여전히 남부에서 지배적인 경제를 담당하던 농업은 극히 피폐한 상태에 놓여 있었다. 전후 직후부터 쇠퇴하기 시작한 농업은 1870년대와 80년대에 이르러 그 쇠퇴의 정도가 더욱 가속화되었다. 비옥한 농장 토지를 소유한 자는 농토 이용에 전혀 관심이 없던 상인, 사업가들, 즉 다시 말해 부재지주들이었고 남부 농민들은 거의 소작인이나 임차인으로 전락하게 되었다. 농민들은 전후 금융제도의 붕괴로 은행을 통한 신용대부가 어려워지자 '조달 상인'들을 통해 신용대부를 하였는데 이 조달 상인들은 높은 가격과 비싼 이자율로 농민들을 끝없는 채무의 굴레에 가두었다. 농민들은 빚 갚을 돈을 마련하기 위해 전통적으로 재배해 오던 식량 작물 대신 면화와 같은 환금 작물에 의존해야 했다. 농민들이 자급자족으로 살아갈 희망은 점점 희박해지고 시장에서 이윤을

올릴 기회도 거의 없었다.

이리하여 산업화를 통해 남부를 새롭게 재건하고자 한 남부는 북부의 경제 식민지가 되어 있을 따름이었다. 남부는 세계에서 제일 부자인 나라 안에서 제일 가난한 땅, 제3세계나 식민지에 비유될 열악한 땅이 되어 있었다(Joel Williamson 362). 하지만 산업화의 길을 택한 남부는 계속 산업화와 도시화를 추진했다. 제1차 세계대전은 남부의 산업화를 더 촉진시켰으며 그 결과 구질서가 급격히 사라지게 되었다. 1920년대와 30년대에 옛 전통적 가치는 거의 사라졌다. 말하자면 남부가 독특하게 지녀왔다고 생각되는 가치가 사라진 것이다. 포크너가 『소리와 분노』의 서문에서 토로한 감정은 구남부적 가치가 사라지고 신남부적 가치만 남아 있는 현실에 대한 위기의식에 다름 아니다.

이런 위기의식은 포크너와 동시대에 살았던 남부 문인들과 지식인들 사이에서 공유되고 있었다. 이러한 위기의식을 우리는 농본주의자들의 목소리에서 잘 발견할 수 있다. 밴더빌트 대학을 중심으로 1920년대 후반에 등장하여 1930년에 『나는 내 입장을 지키리라: 남부와 농본주의 전통』(I'll Take My Stand: The South and the Agrarian Tradition)이라는 책을 통해 자신들의 입장을 강하게 표명한 농본주의자들은 남부에 진행되던 산업화를 하나의 침범이자 위기적 상황으로 인식했다.4) 이들 농본주의자들이 산업주의에 반대하는 이유는 산업주의가 자연과 인간의 관계, 인간과 인간의 관계를 왜곡시켜 인간

---

4) 루빈(Rubin)의 서문과 책 앞에 밝힌 원칙 선언서와 랜섬(John Crow Ransom)의 글 참조.

의 삶의 질을 저하시키고 있다고 보았기 때문이었다. 이들이 보기에 산업주의와 진보의 가치는 인간을 자연보다 우위의 위치에 놓으면서 자연을 정복하려고만 하고, 인간의 운명을 자연과의 조화로운 관계가 아니라 자연과의 가차 없는 전투 속에서 발견하려 했다. 그리고 농본주의자들이 보기에 인간은 현대 과학 문명이 주는 이득을 얻으려는 열망 속에서 물질적인 획득에 너무 큰 가치를 부여하고 있었다. 인간들은 사회에 대한 의무와 동료 인간에 대한 유대를 망각하고 자연세계를 착취하는 경주에 사로잡혀 심미적이고 종교적인 현실에 대한 접촉을 잃고 하나의 단자로서 무의미하게 살아가고 있다는 것이 농본주의자들의 생각이었다. 말하자면 이윤을 추구하느라 삶을 가치 있게 만드는 모든 것에서 멀어져 있는 삶이 농본주의자들이 바라본 현대의 삶이었다. 그러므로 이 흐름이 저지되지 않으면 탈인간화와 혼돈만이 있을 뿐이라는 위기의식이 농본주의자들 사이에 있었고 이런 위기의식을 포크너 역시 공유하고 있었다.

이 흐름을 저지하기 위해 포크너와 농본주의자들이 택한 것이 바로 '뒤를 돌아보는 시선'이었다. 인간의 무한한 발전 가능성에 대한 낙관적 믿음을 전제로 앞만 바라보는 시선을 조장하는 당대의 흐름에 거슬러서 포크너와 농본주의자들은 과거를 돌아보는 시선을 견지한 것이었다. 그들의 이런 태도는 조이스(James Joyce)와 엘리어트(T. S. Eliot)같은 대표적인 모더니스트 작가들의 태도와 같은 것이었다. 조이스나 엘리어트 역시 현대 세계에 대한 문제의식을 가지고 그 해결책을 구하기 위해 과거 세계로 돌아갔었다. 조이스에겐 고대 그리스 세계가, 엘리어트에게는 통합된 감수성이 가능했던 엘리자베

스여왕 시대가, 그리고 포크너와 농본주의자들에게 있어선 구남부의 세계가 현대 세계의 비속함과 물질주의를 넘어설 비전을 제시했다.

그런데 조이스와 엘리어트가 과거의 세계를 통해 추구한 비전이 그들만의 독특한 개인적인 비전을 이룬 데 반해, 포크너와 농본주의자들이 구남부세계를 통해 추구한 비전은 남부의 유산의 일부로 그들에게 전해 내려져 온 것이었다. 말하자면 구남부라는 역사적 과거에 대한 의식은 남부의 특수한 역사적 경험으로 인해 남부인들 모두가 공유하던 의식이기도 했던 것이다. 그러므로 포크너와 농본주의자들의 과거를 향한 시선이 현대의 흐름에 대한 참된 비판의 역할을 해낼 수 있었는지의 여부는 그들이 유산으로 받은 과거의식, 역사의식의 한계를 그들이 얼마나 뛰어넘을 수 있었는지를 통해 해명될 수 있다.

남부인들에게 있어 역사는 다른 어떤 지역에서보다 더 생생하게 기억되고 의식되는 어떤 것이었다. 이는 브룩스의 지적처럼, '뒤돌아보는 시선' 내지 '기억'이 역사의 승자의 것이 아니라 역사의 패자의 것이기 때문에 그러하다(*William Faulkner: Toward Yoknapatawpha and Beyond* 265). 혹은 토인비의 표현을 빌려 표현하자면, "역사적 인상이 생생하게 남아 있는 정도는 폭력괴 고통에 비례"(Van Woodward에서 재인용 32-3)하기 때문에 남부인들의 역사의식이 특별히 강렬했다고 할 수 있다. 남부인들에게 있어 구남부 세계를 살해한 남북전쟁은 일종의 심리적 외상으로 남아 있었다.

전쟁에 참여하고 재건기를 겪었던 세대에게 가장 상처가 된 경험은 패전과 뒤이어 진행된 노예 해방이었다. 도날드(David Herbert

Donald)에 의하면, 북군의 수적 우세와 나은 장비를 고려할 때 남군의 패배는 거의 불가피한 것이었지만 남군은 장군에서 사병에 이르기까지 아무도 전쟁에서 지리라는 생각을 하지 않았다고 한다(8). 그리하여 남군들에게 있어 종말은 너무 예기치 않게 너무 재앙처럼 와서, 그들은 거의 믿을 수 없다는 느낌을 받았다는 것이다.

특히 남부 농장주들은 패배의 충격에 더하여 노예제의 종식이라는 충격적 현실에 직면하게 되었다. 그들은 흑인들이 북군에 가담하기도 했다는 것을 알고 있었지만 그것은 노예의 무지나 양키의 간섭에 의해 일어난 것이라 생각했다. 그래서 해방 후 흑인들이 백인들이 정해준 자리를 벗어나자 그들은 큰 충격을 받았다. 특히 가장 믿었던 흑인들이 가장 먼저 떠나서 흑인들에 대한 배신감은 더욱 컸다.

전후에 남부의 백인들이 느낀 패배의식과 배신감은 '상실된 명분(Lost Cause)'의 이념을 강조하는 형태로 분출되었다. 블라이트(David W. Blight)에 의하면 상실된 명분의 이념은 "가장 넓은 의미에서 과거에 대한 한 태도"(258)를 의미하는 것으로서 두 가지 신화를 핵심적으로 유포시켰다. 하나는 남군이 패하지 않았다는 것이고, 다른 하나는 노예제가 남북 전쟁의 원인이 아니었다는 것이었다. 남군의 패배를 인정하지 않는 태도는 남군 병사들의 용맹을 기리고 리 장군을 '정복되지 않는 거의 신적인 지도자'로 묘사하는 것으로 나타났다. 리 장군은 남군의 자긍심과 명예를 대표하는 인물이었다. 남군 병사의 용맹과 명예에 대한 신화는 여러 글을 통해, 그리고 여러 기념물들을 통해 지속적으로 강조되었다. 그리고 남북 전쟁의 원인에 대해서 남부의 백인들은 그 책임을 전적으로 북부에게 돌렸다. 북부의

'무한한 전제적인 힘,' '가공할 만한 약탈'에 의해 남부가 희생된 것으로 보고, 노예제는 갈등의 원인이 아니라 우연이었다고 그들은 말했다. 그들은 전쟁 전의 노예찬성론자와 같은 논리를 펴면서 노예제가 그렇게 비인간적인 제도가 아니라 온정적이고 가부장적인 제도였다는 것, 그러므로 해방 전의 흑인들은 해방 후의 흑인들보다 더 행복한 상태였다는 것을 역설했다. 그래서 "상실된 명분 이데올로기의 대다수의 대변인들이 영웅적이고 희생당한 남부에 대한 이야기를 전개할 때마다, 충실한 노예와 인자한 주인에 대한 이미지를 사용"(Blight 260)했다.

이렇게 볼 때 남부의 백인들이 상실된 명분 이데올로기를 통해 하고자 한 것은 남부가 옳았다고 남부를 정당화시키는 일이었다. 구남부를 정당화시킨 상실된 명분 이데올로기는 구남부에서 노예를 소유하던 대농장주뿐 아니라 신남부를 주창하던 사람들에 의해서도 적극적으로 주장되었다. 산업화를 적극 추진하던 신남부 주창자들은 모리스(Wesley Morris)의 표현을 빌면 "열광적으로 양키의 달러를 집으면서"(41) 자신들의 이윤추구 행동을 상실된 명분 이념을 통해 정당화시켰다. 신남부 주창자들은 구남부 문화와 남부 정체성의 핵심인 기사도 신화를 유지시켰던 것이다. 신남부의 토대를 제공한 상실된 명분 이념은 구남부시대에 노예제 찬성 논리가 하던 역할과 비슷한 역할을 담당했는데, 그것은 곧 백인 우월주의와 인종차별의 논리를 제공하는 일이었다.

상실된 명분 이념은 특히 1890년대의 정치, 경제적 위기 속에서 더욱 역동적인 성격을 띠게 되었다. 신남부 지배계급은 경제적 위기가 표출시킨 계급 간의 갈등을 무마하는데 흑백 인종차별을 이용하여, 신남부에서 뿌리 뽑힌 자들이 느낀 심리적 무력감과 불안을 흑인을 향한 분노로 돌렸다. 그 결과 린치, 투표권 박탈, 흑백 분리의 법적 승인과 같은 형태를 통한 극단적인 인종차별주의가 생겨나게 되었다. 그리하여 1890년대는 그 어느 때보다도 백인 우월주의의 시각이 지배하던 시기였고 이 백인우월주의 시각에 토대를 제공한 것이 바로 상실된 명분 이념이었다. 상실된 명분 이념은 "인종적, 정치적, 산업적 무질서"에 대항하여 전 남부가 스스로 무장할 수 있는 보수적인 전통을 제공했다(Blight 260).

1890년대에 상실된 명분 이념의 지지자들[5]이 특히 열의를 가지고 전개한 것은 역사책 서술이었다. 역사 서술을 십자군 전쟁에 비유한 그들은 남부 자녀를 "거짓 역사"와 "불순한 지식"에서 구해야 한다는 목표 의식으로 무장했다. 그들이 자녀에게 물려줄 "진정한 역사"의 내용을 이루는 것은 희생당한 남부, 고귀한 합법적 원칙에 따라 싸운 남부, 자비로운 백인과 충실한 하인으로 구성된 문명을 옹호하는 남부였다. 그들은 가정과 학교를 통해 이런 관점을 꾸준히 주입하였으며, 그들의 이 노력은 전문적인 역사가들보다 더 큰 성취를 이루었다. 그리하여 그들은 블라이트가 말한바, "진정한 역사, 비당파성이라는 후렴구를 계속 되풀이하면서 미국 경험에서 가장 지속적

---

5) 상실된 명분 이념을 가장 효과적으로 전파한 세 개의 단체가 있었는데 그것은 바로, 남군 참전 용사 연맹(the United Confederate Veterans)과 남군 여성 연맹(the United Daughters of Confederate)이라는 조직과, 『남군참전 용사』(*the Confederate Veterans*)라는 잡지였다.

이고 가장 당파적인 신화 중 하나를 구축"(278)하였던 것이다. 그들의 이런 관점과, 넬슨 페이지(Nelson Page)를 비롯한 대농장 소설작가들이 조장한 감상주의적 정서는 비단 남부뿐 아니라 북부에서도 영향력을 발휘했다. 북부의 유력한 출판사들도 남군 병사들의 회고록과 넬슨 페이지류의 감상주의를 환영했다. 그리하여 이제 상실된 명분 이념은 미국의 유산으로서 장려되어 미국 대중문화에서도 지배적인 역할을 하게 되었다.

하지만 상실된 명분 이념이 어떤 사회적 영향력을 발휘했던지 간에 그것은 남부의 인종차별적 질서를 정당화하는 '거대한 알리바이[6]'에 불과했다. 그들은 선택적으로 기억하고 선택적으로 망각 혹은 회피하는 방법을 통해, 과거 남부 사회를 이상화하고, 현재의 남부 사회를 옹호했다. 그들이 기억하려고 애쓴 것은 만족스러운 삶을 구가하며 주인에게 충실했던 노예와 흑인 유모였으며, 그들이 회피하고자 애쓴 것은 흑인들이 자신들의 자유를 위한 혁명에 가담한 수백 가지의 방식이었다.

물론 이 거대한 알리바이에 참여하기를 거부한 사람들도 있었다. 흑인들과 진보적인 백인들이 바로 그들이었다. 흑인들은 대다수 상실된 명분 이데올로기에 대한 저항감을 느꼈지만, 1890년대 그들에게 가능한 유일한 선택은 침묵 아니면 수사적 비난이었다. 흑인의 권리에 대한 공화당의 관심이 점점 줄어들고 있는 시점에서 흑인들

---

6) 남부의 잘못된 상황에 대한 책임이 북부 양키의 외부인들이라고 생각하는 남부인의 사고 경향을 일컬어 로버트 펜 워렌이 '거대한 알리바이'라고 명명했다. 루빈의 『남부 문학사』(*The Literary South*)에서 재인용(413).

은 적극적인 반대를 할 수 있는 처지가 아니었다. 그럼에도 불구하고 반대의사를 표명한 소수의 흑인들이 있었는데, 이 반대의 목소리를 프레데릭 더글라스(Frederick Douglas)에게서 들을 수 있다. 착취에 반항하여 싸우고 도망가서 돈으로 법적인 자유를 산 뒤 정부 관리로서는 가장 높은 자리에 오른 흑인인 그는 1871년에 리 숭배가 남부의 정치적 부활의 원천이 될 가능성이 있다고 지적하고, "전쟁에서 그것도 나쁜 명분 속에서 가장 많은 사람들을 죽인 병사가 가장 위대한 기독교인이며, 천국에서 가장 고귀한 자리를 차지한다고 주장하는 것 같다"(Blight 재인용 271)고 비판했다.

백인 가운데는 공화당에 가담하여 '부역자'라고 불린 공화당원과, 과학적 연구 방법을 익힌 진보적인 역사학자, 그리고 조지 워싱턴 커벨(George Washington Cabell) 같은 문학가가 있었다. 19세기의 다른 어떤 남부 백인 사상가보다 섬세함과 지성을 갖춘 커벨은 전통주의자들에게 '회피하는 사고 습관을 중단'할 것을 촉구했다. 그는 흑백 간의 결혼(miscegenation)과 흑인 평등에 대한 두려움을 중단할 것을 동료 백인들에게 권유했다. 그리고 에녹 뱅크스(Enoch M. Banks) 같은 진보적 역사학자는 과거를 자유롭게 평가하고 오류를 인정하고자 하는 태도를 보였다. 그는 남부가 연방제에서 분리하여 남북 전쟁을 일으키게 된 근본 원인이 노예제라는 것을 인정했고, 전쟁의 책임에 대해 남부는 상대적으로 잘못이고 북부가 상대적으로 옳다는 것을 지적했다. 또 그 자신 전쟁에 참여하여 북군 장군을 생포하는 등 많은 공로를 세웠던 존 모스비(John Mosby) 같은 이는 1872년 공화당에 가담한 '부역자'로서 사법부와 외교부 등지에서 관리직을

맡았는데, 그는 솔직하게 상실된 명분이데올로기의 허위성을 폭로했다. 그는 리승배에 대한 반대를 표명했고, 노예제가 남북전쟁의 원인이 아니라는 것은 있을 수 없다는 견해를 밝혔다.

이들 반대자들은 남부에서 국외자의 대접을 받았다. 그들은 자기 고향 땅에 발을 붙이지 못하고 결국 북부 주에 가서 외로운 삶을 살아야 했다. 이처럼 1890년대부터 1차대전 전까지 남부 사회에서는 구남부 전통을 미화하는 상실된 명분이데올로기에서 벗어나기 힘들었다. 포크너를 비롯한 남부 르네상스기의 작가들은 모두 이와 같이 강한 이데올로기적 환경에서 태어나 성장했다. 그들은 남부 전설에 대한 믿음과 사랑 속에서 자라났다. 남부 전설에 대한 믿음과 사랑은 "사상을 통해 쉽게 축출될 수 없는" 것으로서 "그들 마음의 밑바닥에 근절할 수 없이 놓여 있다"고 캐쉬(Cash)는 지적한다(387). 남부 여성들의 역사를 사실적으로 복원한 남부의 역사가 스콧(Anne Firor Scott)은 남부의 신화가 자신에게 끼친 영향에 대해 이렇게 서술한다.

나는 이런 신화의 많은 부분을 믿고 자라난 사람으로서 말한다. 나는 어림 적에 내가 노예제 기간에 태어나지 않은 것을 매우 유감으로 여겼던 것을 기억한다(이것은 『어린 대령』(Little Colonel)을 읽고 난 후의 일이었다). 그리고 나는 전쟁 전에 존재했었을 황금시대를 믿었던 것을 기억한다. …… 이런 초기의 상황의 결과, 나의 연구 생활은 내가 믿으며 자라난 것과 매우 다른 역사적 현실과 화해하려는 30년간의 노력인 측면이 있다. …… 나는 …… 약탈시의 남군 역시 비슷한 상황에서 북군만큼이나 파괴적이었다는 것, 흑인들은 그저 가난하거나, 이방인이거나 혹은 내가 그들의 위치에서 보고 싶어 하는 것보다 더 나은 것이 아니라는 것 …… 남북 전쟁이라고 부르도록 주의 깊게 우리를 훈련시킨 역사가들의 시각이 그들이 태어난 위도에 크게 의존한다는 것 등을 배워야 했다. 특히 나는 여성들을 둘러싸고 여성들을 조건 지으며 때때로 여성들을 완전히 변화시킨 무수한 신화들로부터 남부 여성들의 삶의 현실을 해독하는 데 많은 시간을 들였다.

I speak as one who grew up believing in a good deal of this mythology. I can remember as a small child regretting that I had not been born in slavery times(this was after reading a book called *The Little Colonel*) and more or less believing in that golden age that had presumably existed before the war …… As a consequence of this early conditioning, my working life has been, in part, a thirty−year effort to come to terms with a historical reality that is very different from what I grew up believing …… I have had to learn that …… Confederate soldiers on the rampage were no less destructive than Federals in similar conditions, that black people did not like being poor, outcast, or any better than I would have like it in their place …… that historians' views of what we were carefully trained to call the War between the States depend heavily upon the latitude in which their holders were born. In particular I have spent a great deal of time to un−entangle the reality of southern women's lives from the multitude myths that surround them, condition them, and sometimes unhinge them completely.(243−4)

남부에서 자라는 사람은 끊임없이 과거에 대한 기억을 강요당했던 것이다. 그런데 그들의 기억이 편견에 찬 왜곡과 의도적인 망각을 포함하지 않으려면 남부의 신화와 거리를 두는 과정이 필요했다. 그들에게 그 비판적 거리를 제공한 것은 북부와 유럽의 사상과 문학 풍토였다. 루빈(Louis D. Rubin)은 『남부 문학사』(*The Literary South*)에서 포크너를 비롯한 젊은 세대는 "독립전쟁 시대의 위대한 버지니아인들 이래 가장 잘 교육받은, 그리고 가장 지방색이 적은 지성세대"(412)였다고 언급한다. 그들로 하여금 조상의 길(남부의 소도시나 대도시로 돌아와 변호사, 의사, 목사, 사업가, 대농장주가 되는 길)과 다른 길을 갈 수 있게 한 것은 대학이었다고 루빈은 말한다. 그들은 대부분 고향을 떠나 밖의 현대 세계에 참여했으며, 다시 고향에 돌아온 몇몇도 다른 관점으로 고향을 바라보게 되었다.[7] 어빙 하우(Irving Howe)도 "최고의 남부 문학은 지방 사상과 지방을 초월한 시야가 충돌하면서 생겨나게 되었다. …… 남부의 상상력이 크게 작렬하기 위해서는 유럽과 미국 북부의 사상이나 문학 풍조에 따라 자극되어야 했다"고 언급한다(26). 이들 젊은 작가들은 남부에 대한 비

---

7) 물론 다른 동시대 작가들에 비해 포크너는 예외적인 삶을 살았다. 1925년 짧은 기간 동안 뉴올리언즈에 가서 머문 것과, 1925년 6월 유럽으로 6달 동안 여행한 것을 제외하고는 대부분의 시기를 고향인 옥스퍼드에서 보냈다. 하지만 그는 일찍이 조숙한 벗 필 스톤을 통해 모더니즘 문학을 접했으며, 특히 뉴올리언즈에서 지낼 때 셔우드 앤더슨을 포함한 작가들과 교류하여 모더니즘의 토대를 세운 사람들의 이야기를 들었다. 즉 콘래드, 조이스, 엘리어트, 프로이트, 프레이저, 베르그송 등에 대해 들었다. Donald M. Kartiganer. "William Faulkner," *Columbia Literary History of the United States*. Ed. Emory Elliot(New York: Columbia UP, 1998). p.893.

판적인 글을 접할 때 1890년대의 남부 선조들과 달리, 분노하지 않고 많은 부분에 동의했다.

그런데 산업주의의 침범이라는 현실에 직면해서 대안적 가치를 발견하기 위해 그들이 다시 과거 세계로 달려갔을 때 과거 세계의 현실을 있는 그대로 보는 것은 쉬운 일이 아니었다. 가령 랜섬이 산업주의에 대한 대안으로 농본주의 사회를 주장하면서 농본주의 사회의 한 표본으로 구남부세계를 이야기했을 때, 구남부는 이상화되는 경향이 있었다. 물론 구남부에 대한 그의 시각은 19세기 후반부터 20세기 초반까지 지배적이었던 상실된 명분 이념이 주입한 시각과는 명백히 달랐다. 그는 구남부가 전통주의자들이 믿고 싶어 하는 것처럼 그렇게 훌륭한 곳이 아니었다는 것, 그리고 소위 귀족이라는 사람들도 남부에서 만들어진 사람이고 유럽의 귀족에 비해 세련된 문화를 소유한 것도 아니라는 것을 인식하고 있었다(13). 그럼에도 불구하고 그는 구남부의 핵심적인 모순이라 할 수 있는 노예제를 정당화시키는 경향이 있었다. "노예제는 이론상 충분히 괴물 같은 특성을 지니고 있었지만 흔히 실천에서는 인간적"(14)이었다는 그의 말이 이를 입증한다. 그는 구남부의 기반이던 '노예제'의 죄악보다 구남부 사회가 농업중심의 사회였기 때문에 가능했던 것, 즉 노동 자체가 여가를 지닌 것이었다는 것, 사람들이 개인적인 관계 속에서보다 충만하게 살 수 있었다는 것을 강조하고 있다. 앞에서 언급했던 브룩스의 시각과 닿아 있는 그의 이런 시각은 캐쉬가 지적하듯, 구남부 체제의 모순을 간과한다(392).

필자가 보기에 포크너는 그의 최상의 작품에서 농본주의자들의 이런 한계를 뛰어넘는 역사적 통찰을 제시했다. 물론 포크너 역시 처음부터 확고하게 그런 뛰어난 통찰을 획득한 것은 아니었다. 그의 역사적 통찰은 그가 매우 힘들게 노력하는 가운데 이루어진 것이었다. 포크너가 같은 주제를 그렇게 반복적으로 다루고 있는 것은 이와 관련이 있다. 그는 역사의 핵심적인 모순에 다가가기 위해 조금씩 다른 각도와 배열과 다른 목소리를 통해,[8] 그렇게 여러 번 남부 주제를 다루어야 했던 것이다.

포크너에게 있어 남부 역사의 탐구는 가족이나 가문의 탐구, 그중에서도 아버지 인물의 탐구의 형태를 띠고 나타난다. 포크너의 과거 탐구가 아버지 인물의 탐구를 통해 이루어지는 것은 과거의 모든 역사가 남성 중심의 역사였음을 감안할 때 당연한 일인 것처럼 여겨진다. 하지만 그의 부성 탐구의 의미는 이보다 구남부 사회의 독특한 성격과 깊은 관계가 있다. 주지하다시피 구남부 사회는 성적, 인종적 차별에 근거한 위계사회였으면서도 그 위계질서에 가족적인 성격을 부과했다. 역사가 제노비스가 지적했듯이 농장주를 중심에 둔 사회구조는 확대 가족에 대한 독특한 의식을 낳았다. 농장주는 자신의 백인 자녀들에 대해서 뿐 아니라 흑인 노예들에 대해서도 '아버지'로서 존재하도록 기대되었다.

농장주의 부성적 성격에 대한 강조는 '주인과 노예,' '백인과 흑인'

---

8) 블레이카스탄은 포크너의 후기 작품이 초기의 이슈들을 다른 배열과 절차를 통해 이야기하고 다른 목소리들을 허용하는 것일 뿐 초기 작품보다 더 나아간 것이 아니라고 말한다. Andre Bleikasten. "Faulkner and the New Ideologues," *Faulkner and Ideology*. Ed. Donald M. Kartiganer & Ann J. Abadie(Jackson: UP of Mississippi, 1995). p.13.

의 관계가 내포하는 차별적 성격을 구남부 사회가 초월하고 있었음을 강조하는 역할을 했다. 왜냐하면 흑인들은 실제로 카스트의 제일 밑에 위치하면서도 마치 관대한 부모 밑에서 보살핌을 받는 아이 같은 존재로 여겨졌기 때문이다. 가족의식, 부성적 정신의 강조는 지배 계급의 헤게모니를 유지하기 위한 일종의 이데올로기였던 것이다. 그리고 그것은 남북 전쟁에서 남부가 패한 후에는 남부 사회를 정당화시키는 데 이용되었다. 상실된 명분 이념이 특히 강조한 것이 바로 인자한 백인 주인과 충정을 지키는 흑인 노예였던 것도 그 때문이다.

흑백 구성원으로 이루어진 확대 가족 속에서 정점에 있는 존재는 아버지인 백인 농장주였다. 아버지는 가족과 노예에 대해 가부장이면서 동시에 주인이었다. 아버지는 가족을 부양하는 존재이면서 동시에 가족에게 전권을 행사하는 존재였다. 아버지의 이 권력과 재산은 백인 아들에게로 세습되었다. 백인 아들은 권력과 재산을 세습함으로써 가부장제의 유지와 존속에 기여했다. 그런 의미에서 가부장 아버지와 백인 아들의 관계가 가족의 중심적인 관계였다.

아버지는 이처럼 아들에게 존재의 기원이면서 동시에 유산을 남기는 자이다. 그리고 이보다 더 중요하게 아버지는 아들을 사회 속으로 통합시키는 존재이다. 프로이트가 말한 가족 로망스의 틀을 빌려 말하자면, 아버지는 아들로 하여금 어머니로부터의 분리를 수행하여 아버지 세계로 들어오도록 인도하는 자이다. 아들이 성숙의 과업을 이루는 과정에서 아버지는 아들의 동일시의 대상이다. 아들의 이상적 자아, 이상적 모델로 기능하는 아버지는 그가 속한 사회의 문화적 질서를 상징적으로 대변하는 자, 지배 이데올로기를 내면화한 자이다. 그런 의미에서 아버지가 아들에게 하는 중요한 일은 그 사회의 지배 이데올로기를 아들에게 내면화시키는 일이라고 할 수 있다.

아들과 아버지의 이런 관계, 아버지의 기능을 염두에 둘 때, 포크너가 아버지에 대한 탐구를 통해 남부 사회의 핵심적 현실을 재현하고자 한 것은 탁월한 선택이라 할 수 있다. 부성적 존재에 대한 탐구는 곧 구남부 사회의 문화적 질서, 지배 이데올로기에 대한 탐구와 직결되기 때문이다.

부성적 인물에 대한 포크너의 탐구 문제에 대해 보다 본격적으로 논하기 전에 우선 필자는 포크너 작품의 가족 로망스의 틀과 관련한 최근의 몇 가지 분석의 문제점을 지적하고자 한다. 포크너의 가족 로망스는 두 가지 대조적인 방식으로 연구되었다. 여성성과 모성에 초점을 둔 페미니스트들의 연구와 부성적 존재에 초점을 둔 블라이카스탄, 어윈(John Irwin)의 연구가 바로 그것이다. 본고는 클라크(Deborah Clarke)의 모성 연구와 어윈의 부성 연구의 문제점을 논함으로써 필자의 연구 입장을 명료하게 부각시키고자 한다.

우선 클라크는 『어머니 강탈하기』(Robbing the Mother)에서 크리스테바(Kristeva)와 자코부스(Jacobus), 스프렝니더(Sprengnether)의 이론을 도대로 정체성 구성에서 외디푸스 전단계에 초점을 두고 개인의 정체성 형성에서 중요한 존재는 아버지가 아니라 어머니라고 보는 입장을 견지하고 있다. 이런 관점에서 그녀는 포크너의 작품에 나타난 어머니의 역할과 힘을 중요하게 분석하고 있다. 『소리와 분노』 분석에서 그녀는 퀜틴(Quentin)의 근본적인 딜레마를 '어머니의 위치'에 있는 캐디(Caddy)와의 관련 속에서 주로 논의한다. 그녀는 "퀜틴의 세계에서 생사여탈의 힘을 쥔 이는 오직 어머니"라고 본다(26). 그녀는 퀜틴이 캐디의 순결에 집착하는 태도를 어머니 위치에 있는 캐디의 몸을 지우고, 그 몸을 남성적으로 구축된 언어 상태인 '순결'로 회복하고자 하는 시도라고 해석한다. 그녀가 보기에 퀜틴의 이런 시도는 기호계를 떠나 상징계인 언어 질서에 자기를 세우려고 하는 시도이다. 그런데 퀜틴의 이런 시도는 그가 기호계에 의해 자꾸 삼켜지기 때문에 실패한다고 그녀는 말한다. 그러면서 그녀는 이 소설에서 여성들이 많은 목소리를 내면서 남자 인물들을 압도하고 있다고 지적한다. 그리고 캐디뿐 아니라 콤슨 부인(Mrs. Comson) 역시 콤슨가의 정체성을 부인한다는 의미에서, "캐디 못지 않게 의미심장하게 결혼과 모성의 가부장적 구조를 저해"한다고 그녀는 주장한다(28).

필자가 보기에 그녀의 이런 견해는 몇 가지 점에서 문제가 있다. 우선 캐디와 콤슨 부인을 가부장적 구조에 저항하는 존재로 보는 것은 캐디와 콤슨 부인의 차별성을 간과하는 오류를 범한다. 남부 여성들의 지배 이데올로기인 귀부인 이데올로기를 콤슨 부인은 내면화하는 반면 캐디는 저항하고 있는 차이를 이 관점은 간과하는 것이다. 그리고 캐디의 목소리를 전복적으로만 읽어내는 것 또한 문제가 있는 시각이다. 포터가 지적하듯이, "만약 캐디의 목소리가 들린다면," 그 목소리는 "벤지의 목소리 못지 않게 절망적"("Symbolic Fathers and Dead Mothers" 79)으로 들리기도 하는 것이다. 그리고 퀜틴의 딜레마를 모성과의 관계에서 보는 것 역시 필자가 보기엔 문제가 많다. 왜냐하면 퀜틴의 딜레마는 근본적으로 아버지 세계의 실패에서 기인하기 때문이다. 퀜틴이 캐디의 잃어진 순결에 집착하는 것은 클라크가 설명하듯, 어머니의 육체를 언어를 통해 통제하기 위한 것이라기보다, 캐디의 순결 상실이 구남부 세계의 실패 문제와 깊이 연결되어 있기 때문이다. 그렇게 볼 때 모성, 여성성을 기호계적 육체성과 동일시하면서 그것이 가부장적 질서에 대해 가지는 전복적 힘에 대해 강조하는 이런 비평 경향은 포크너 작품이 가지고 있는 역사적 문제의식을 탈역사화시키는 위험을 내포하고 있다고 하겠다.

다른 한편 어원은 그의 유명한 저서,『분신과 근친상간 / 반복과 복수』(*Doubling and Incest / Repitition and Revenge*)에서 퀜틴의 딜레마와 섯펜(Sutpen)이 소년기에 상처입고 백인 가부장의 위치에 서는 과정에 대한 설명에서 아들과 아버지의 관계를 중요하게 지적하고 있다. 그는 포터가 말한 것처럼, 아버지의 문제보다 "아들들, 형제들의 분신관계, 근친상간 관계에 더 초점을 두긴 하지만"("*Absalom, Absalom!*: (Un)Making the Father" 179), 포크너 작품 속에 나오는 아들의 핵심 문제가 무력감의 문제라는 것, 그리고 이 무력감의 문제 배후에 아버지의 문제가 있다는 것을 잘 지적하고 있다. 그는 퀜틴의 딜레미의 핵심에 있는 것이 무력감이며 이 무력감은 콤슨 장군부터 시작된 실패의 운명을 그가 여러 분신 인물들을 통해 인식하는 데서 온다고 본다. 그리하여 "퀜틴이 적극적이고 남성적 역할을 떠맡을 수 있느냐 하는 문제"는 이 "실패와 패배의 반복을 피할 수 있느냐" 하는 문제에 달려 있다고 그는 본다(69). 그의 이런 시각은 퀜틴의 문제를 선조와 아버지의 실패의 문제와 연결시켜 본다는 점에서 설득력이 있다고 보여진다. 그리고 그는 섯펜의 소년기 경험에 대해 분석하면서, 그 경험은 아들이 가부장적 이상을 세우는 과정을 나타내는 동시에 아들이 외디푸스적 위기를 넘어서는 과정을 나타낸다고 지적하고 있다. 그에 따르면 아들인 섯펜은 자기 개인의 아버지(실제 아버지)를 버리고 자기에게 모욕을 준 권력 있는 아버지 인물(백인 농장주)과 자신을 동일시하는데, 이때 그는 자기가 동일시한 아버지를 자기의 이상으로 내면화하는 것이 된다. 어윈의 분석에 의하면 이 장면은 "아들이 부성의 지배력을 유지하면서 개인의 아버지의 지배를 극복하려고 하는"(99) 가부장적 메커니즘을 잘 보여준다. 가부장적 원칙이 아들을 통해 작동되는 방식에 대한 그의 이런 분석은 가부장적 원칙이 자연적인 것이 아니라 사회적으로 구성된 것이라는 인식을 보여주고 있다.

그런데 다른 한편으로 그는 아버지와 아들의 문제를 시간적으로 선행하는 아버지 / 시간적으로 아버지를 뒤따를 수밖에 없는 아들의 갈등으로 보편화시켜 바라보는 경향이 있다. 그는 퀜틴에게 있어 무력감의 문제가 시간의 문제와 섞여 있다고 지적하면서 퀜틴이 무력감의 문제를 풀기 위해서는 시간의 문제를 해결해야 한다고 말한다(69). 그리고 그는 더 나아가 모든 아들들이 아버지와 겪는 갈등은 시간의 문제와 관계있다고까지 말한다. 즉 아버지의 권위는 시간적으로 먼저 존재하는 데서 나오기 때문에 아들이 아버지에 대한 저항은 곧 시간과의 싸움이라는 형태를 띠게 된다고 그는 보는 것이다. 그의 이런 시각은 가부장적 원칙이 사회적으로 구성된 것으로 보던 그의 통찰의 힘과 모순되게 가부장적 원칙을 자연적이고 보편적인 것으로 만들어버릴 위험을 안고 있다. 이렇게 볼 때 그의 시각은 포크너 작품의 부성의 문제를 잘 지적했으면서도 그 문제를 남부 역사와 관련시키지 못한 채 보편적 의미를 강조하게 된다고 하겠다. 그 결과 그의 비평 역시 클라크의 비평이 보이는 결함과 유사하게, 포크너 작품에 나타난 역사적 문제의식을 제대로 포착하지 못하게 한다.

　본고는 클라크 같은 페미니스트 비평의 모성 중심의 연구와, 어윈의 부성 연구가 안고 있는 이런 탈역사적 경향에 반대하고, 포크너 작품의 부성 문제를 남부 역사에 대한 탐구 문제와 직결시키고자 한다. 본고는 『소리와 분노』와 『압살롬, 압살롬!』(Absalom, Absalom! 1936)을 중심으로 포크너의 부성 탐구의 의미를 역사적으로 해명하고자 하는 데 목적이 있다.

　『소리와 분노』와 『압살롬, 압살롬!』, 이 두 소설은 모두 퀜틴을 중심 인물로 설정하고 있기 때문에 이 두 소설의 연관성에 대해서는 이미 많은 평자들이 언급한 바 있다. 특히 어윈이 두 소설을 깊이 있게 논하면서 『소리와 분노』에 나온 퀜틴의 이력, 즉 누이에 대한 근친상간적 욕망과 자살의 이력과 『압살롬, 압살롬!』에서 그가 하는 이야기 사이의 관계를 설명한 이래, 이 두 소설의 관련성은 확고하게 인정받게 되었다. 본고는 이 두 소설의 관련성을 전제로 작품 분석을 시도하되, 분석의 중심을 부성 문제에 두고자 하는 것이다. 이 두 소설은 포터가 지적하듯, 부성의 문제와 관련하여 "첫 글자와 마침표의 관계"("Symbolic Fathers and Dead Mothers" 85)에 있기 때문이다. 블레이카스탄도 『압살롬, 압살롬!』은 『소리와 분노』의 "기념비적인 후기"(monumental postscript)("Fathers in Faulkner" 137)라 한

바 있고, 선더키스트(Eric Sundquist)도 『소리와 분노』에서는 포크너가 말해야 했던 것이 함축적으로 드러나고 있기 때문에, 『소리와 분노』는 『압살롬, 압살롬!』의 문맥 속에서 설명될 때 더욱 생산적인 독법이 나온다고 언급하고 있다(120).

『소리와 분노』는 남부의 역사적 과거에 대한 작가의 탐구 작업 가운데 초기에 속하는 작품이다. 따라서 이 작품에는 부성의 문제가 제기만 될 뿐 무엇이 문제인지가 명확하게 탐구되지 않고 있다. 본고는 퀜틴, 제이슨(Jason), 벤지(Benjy)의 무력감과 좌절, 실패의 배후에 아버지 세계의 실패의 문제가 있다고 보고 작가가 아들들의 곤경과 아버지의 문제를 연결시키는 지점을 탐구해보고자 한다. 이를 통해 작가가 아버지 세계의 문제, 부성의 문제에 대해 어느 만큼 접근하고 있는지 살펴보고자 한다.

『압살롬, 압살롬!』은 『소리와 분노』에서 제기된 아버지의 문제를 보다 본격적으로 탐구하고 있는 소설이다. 포터는 『소리와 분노』를 쓰는 시기와 『압살롬, 압살롬!』을 쓰는 시기 사이에 "무슨 일인가 일어났다"(85)는 말로써 두 작품의 극적인 차이를 언급하고 있다. 『소리와 분노』에서 아버지 문제는 아들들의 비극의 배후에 그림자처럼 존재하는 반면, 『압살롬, 압살롬!』에서는 형식 자체가 부성적 인물을 탐구하는 형태를 취하고 있다. 그리고 부성적 인물에 대한 탐구도 결코 평면적으로 제기되지 않고, 탐구하는 주체들(화자들)의 이데올로기적 위치를 정확히 고려하면서 복합적으로 제기되고 있다. 말하자면 탐구하는 주체들의 이데올로기적 위치에 따라 부성적 인물이 만나지기도 하고 회피되기도 하는 것이다. 본고는 『압살롬, 압살롬!』

에서 로자(Rosa), 콤슨씨(Mr. Compson), 퀜틴의 담론을 분석하여 그들이 부성적 인물을 어떻게 회피하고 어떻게 만나는지, 그리고 부성적 인물을 만나는 것이 어떻게 남부 사회의 역사적 핵심과 닿아있는지를 탐구하고자 한다.

II. 『소리와 분노』: 부성 부재의 문제

포크너 작품들 중 가장 많은 사랑과 비평적 관심을 받아온 작품인 『소리와 분노』는 작가의 최고 전성기의 시초에 위치하는 작품이다. 『소리와 분노』가 작가의 최상의 작품에 속할 수 있는 것은 남부의 고뇌 어린 경험을 새로운 형식으로 탁월하게 형상화한 데 있다. 작가는 남부의 주제를 처음 다룬 『사토리스』(*Satoris*)를 쓰고 나서 자신이 앞으로 해야 할 긴 작업을 처음으로 알게 되었다고 토로하고 있는데(Eric Sundquist 재인용 123), 그가 자각하게 된 자신의 긴 작업은 다름 아닌 남부의 역사적 과거에 대한 탐구였다. 보다 구체적으로 말하면 그가 이후 10년간 쉼 없이 수행한 작업은 구남부 세계가 안고 있는 핵심적 모순, 즉 노예제의 유산에 대한 탐구였다. 『소리와 분노』는 그의 이 탐구 작업의 시초에 놓인 작품인 것이다.9)

---

9) 포크너 역시 『소리와 분노』를 쓴 지 4년 후에 발표한 서문에서, 『소리와 분노』가 자신의 작가 경력에서 전환점에 놓인 작품이라는 것을 인정했다.

그리하여 인물들의 내면과 주관적 의식 속으로 직접 뛰어 들어가 사회, 역사적 배경들을 극히 생략하고 있는 이 소설에서도 남부에 대한 작가의 관심이 표출되고 있는 바, 본고는 바로 이 부분, 즉 소설 속에 숨어 있는 사회 역사적 의미를 읽어내는 데 목적이 있다. 본고는 이 소설을 남부의 유산에 관한 소설[10]이면서 동시에 남부의 운명에 관한 소설로 읽어내고자 하는 것이다.

이 소설은 구남부의 명문 귀족 가문 중 하나였던 콤슨가의 몰락을 그 가문의 세 아들의 의식을 통해 주로 제시하고 있다. 소설 속의 현재의 시점에서 콤슨가는 이미 몰락을 겪은 상태로 나온다. 콤슨가의 '황폐함'이나 '불운'의 정도는 1928년의 시점에서 되돌이킬 수 없이 깊은 것으로서, 가장 신실한 유모의 입에서조차 '시초와 종말을 보았다'라는 말이 나오게 만든다. 화려한 시초에 비해 슬픈 종말이 이미 일어난 것이다.

이 집안의 비극적 종말은 세 아들의 운명, 즉 성인으로 성장할 수 없는 백치 상태의 막내아들과, 성장의 문턱을 넘지 못하고 자살한 장남, 그리고 성인으로 살아남았으되 앞으로도 뒤로도 갈 수 없이 삶이 엉켜버린 상태에서 무력하게 분노만 발하고 있는 둘째 아들의 운명을 통해 극화되어 있다. 그런데 이 세 아들들의 의식 속에서 이 집안의 비극적 몰락의 원인이 모성 부재와 여성성의 타락에 있는 것처럼 제시되고 있다. 말하자면 누이와 조카의 성적 욕망을 통제하려

---

10) 블레이카스탄은 퀜틴의 운명 배후에 2세대의 파산이 있고, 그 너머에 남부 문화의 병폐와 쇠락이 있다는 의미에서 퀜틴의 비극을 유산의 비극으로 보는데(84) 필자 역시 그와 같은 입장이다.

는 그들의 실패가 마치 그들의 의지의 좌절과 무력감의 주요 원인인 것처럼 제시되고 있는 것이다. 그런 의미에서 이 소설은 싱걸(Daniel Singal)의 지적처럼, "여성적 정신이 부패하여 사회를 영원히 황폐한 상태에 두었다"는 느낌을 줄 가능성을 가지게 된다.

하지만 이 아들들의 성장 장애와 부적응은 여성적 정신의 부패보다는 아버지 세계의 실패와 긴밀하게 연결되어 있다. 벤지와 퀜틴과 제이슨의 운명은 구질서에서 신질서로의 변화에 적응하지 못한 아버지의 운명의 반복이다.

소설에서 아버지 콤슨씨가 어머니인 콤슨 부인보다 더 우호적으로 그려지고 있는 것은 사실이다. 콤슨 부인은 모성의 양육적인 자질이 절대적으로 결핍된 어머니로서 벤지와 퀜틴에게 심리적 결핍감을 낳게 하고 여성의 전통적인 역할을 거부하는 딸을 감싸 안을 수 없는 인물인 것이다. 그러나 콤슨 부인의 모성적 자질의 결핍은 그녀가 내면화하고 있는 남부 귀부인 이데올로기와 깊이 관련이 있다. 그런 의미에서 콤슨 부인의 나약함, 자기중심주의는 그녀가 속한 사회와 문화가 남부의 상층 여성에게 조장한 성격이라고 볼 수 있다. 말하자면 콤슨 부인은 "귀부인을 유령으로 만드는 남부 가부장제의 산물"(Diane Roberts 196)인 것이다. 그렇게 볼 때 문제적인 것은 콤슨 부인이라기보다, 콤슨씨가 속해 있고 콤슨씨가 대변하는 사회라고 볼 수 있다.

콤슨씨는 콤슨 부인에 비해 자녀들에게 좀 더 따뜻한 애정을 베풀 수 있는 인물인 것처럼 제시되나, 엄밀히 말해서 그는 아버지의 역할에 실패한 인물로서 이 가족의 비극적 상황을 초래한 원인 제공자라고 볼 수 있다. 하지만 그가 아버지 역할에 실패한 것은 그의 개인적인 자질의 문제가 아니라 그가 속한 구남부 세계의 몰락의 문제와 깊이 관련되어 있다. 콤슨씨는 어원의 지적처럼 구남부 사회를 대변한 자신의 아버지, 콤슨 장군의 실패에 의해 망가진 "유약한 아들"(110)의 위치에 있는 인물이지 아들에게 가치와 규범을 심어줄 수 있는 아버지 인물이 아니다. '실패한 장군'이었던 자신의 아버지처럼 '실패한 변호사'인 콤슨씨는 견인주의와 패배주의, 허무주의와 알코올을 통해 세상에서 도피한 인물로서, 아들들을 세상으로 이끌 안내자 역할을 할 수 없다. 그는 아들들에게 전수해 줄 가치와 규범을 지니고 있지 못한 인물인 것이다. 이렇게 볼 때 세 아들들의 비극의 배후엔 아버지의 부재가 있고 아버지의 부재 배후엔 구남부 세계의 몰락이 있는 것이다. 그러므로 벤지와 퀜틴과 제이슨의 비극은 실패한 유산의 비극이라 할 수 있다.

특히 퀜틴과 제이슨의 경우, 그들의 정체성을 규정하는 것은 구남부의 유산이다. 그들은 실패한 구남부적 유산을 지니고 변화한 현대 세계에서 살아야 하는 백인 아들들이다. 싱걸의 표현을 빌자면, 그들은 "현대 사회에서 콤슨가의 사람으로 사는 일의 재앙"(133)을 보여주고 있는 것이다. 그런 의미에서 퀜틴과 제이슨은 같은 문제를 앓고 있다고 볼 수 있다. 퀜틴의 오늘을 이루는 1910년과 제이슨의 오늘을 이루는 1928년의 세계는 본질적으로 다른 세계가 아니다. 소설 속에서 1928년의 현재에 대해 과거로 제시되는 1910년은 진정한 의미에서 과거가 아니다. 그것은 1928년과 같은 현재 세계의 흐름 속에 있다. 1910년대는 이미 남부가 현대 사회로 들어가기 시작한 때였다. 그러므로 퀜틴이 놓인 세계와 제이슨이 놓인 세계의 차이는 정도의 차이이지 질적인 차이가 아니다. 그들은 구남부와 대비되는 신남부의 세계 속에 있는 것이다.

본고는 구남부 세계의 죽음으로 말미암은 부성 부재의 현실에 대해 세 아들들이 어떻게 반응하고 있는지, 그리고 이를 통해 작가가 말하고자 하는 바가 무엇인지 살펴보고자 한다.

A. 벤지: 상실의 슬픔과 성장 장애

서른 세 살의 육신에 두세 살의 정신 연령을 지닌 벤지는 작가의 표현을 빌면 엘리자베스 시대의 드라마에 흔히 등장하는 묘지기와 같은 역할을 담당하고 있다(Bleikasten 재인용 68). 말하자면 그는 이 소설이 펼쳐 보일 암울한 비극적 이야기의 전조를 알리도록 되어 있는 인물인 셈이다. 그가 성장이 정지된 백치 상태라는 것 자체가 이미 이 집안의 비극적 현실을 어느 정도 함축하고 있다. 하지만 그의 존재는 콤슨 집안의 몰락에 어떤 적극적인 역할을 하지 않는다. 그는 그보다 콤슨 집안의 몰락의 철저한 희생자이다.[11] 그런 의미에서

---

11) 그가 서른 세 살의 생일을 맞이하는 것은 예수 그리스도의 이미지와 그를 연결시킨다. 예수 그리스도는 죄 없이 완전무결한 존재이면서 동시에 세상의 죄를 대속하는 희생자라는 것을 감안할 때 벤지가 희생자의 역할을 하는 것은 분명하다.

그는 황폐한 집이 주는 '슬픔'과 '부정의'를 대변하는 존재이다.

벤지 장은 이 집안 전체의 쇠락과 붕괴에 대한 정보를 전달하는 가운데 벤지 자신의 가장 뼈아픈 상실과 슬픔을 전달하고 있다. 집안 전체의 붕괴는 그의 장에서 언급되는 여러 죽음들과, 그 집안의 충실한 하인으로 오랫동안 일해 온 로스커스(Roskus)의 말을 통해 독자에게 전달된다. 백치인 그는 집안 전체의 붕괴의 의미를 알지 못하기 때문에 슬픔이라든가 고통의 감정 없이 그 기억들을 떠올리는데, 그의 의식 속에서 포착되는 것 가운데 형이자 집안의 장남인 퀜틴의 자살과 아버지 콤슨씨의 죽음이 있다. 그리고 하인 로스커스가 아내인 딜지(Dilsey)에게 던진 말, "이 집안엔 운이 없어"라는 말은 마치 그리스 비극에 나오는 코러스처럼 콤슨가의 비극의 암울한 정조를 전달한다. 이 집안이 '운'을 다했다는 것은 집안의 가장과 장남인 콤슨씨와 퀜틴의 죽음이 잘 증거해 주고 있다. 콤슨씨와 퀜틴의 죽음은 구남부의 명문 귀족가문인 이 집안이 사회적으로 몰락했음을 보여주는 것이며, 그것은 따라서 벤지와 제이슨 같은 아들들이 사회 속으로 통합해 들어갈 가능성을 상실했음을 의미한다. 벤지 몫의 목초지가 팔려서 골프장으로 전환되어 있고 그 골프장 주변을 벤지가 울면서 배회하는 것은 집안의 쇠락의 정도가 어느 정도인지 예상하게 한다.

이렇게 뿌리 깊게 진행되는 집안의 쇠락이 벤지에게는 더욱 가혹한 형태의 상실을 초래한다. 그는 퀜틴처럼 모성적 존재였던 누이를 잃게 되고, 제이슨처럼 자기 몫으로 배정된 재산을 잃을 뿐 아니라, 거기에 덧붙여 고유한 이름과 남성성의 상징인 성기마저 거세당하는 것이다. 이름이 지워지고, 재산을 잃고 성마저 박탈당한다는 것은 곧 사회 속에서 정체성의 죽음을 의미한다. 아들에게 사회적 자아를 정립시켜 주는 역할을 해야 하는 이는 아버지이다. 그렇게 볼 때 그가 이토록 '사회적으로 죽은 존재'라는 것은 그를 지켜 주지 못한 아버지의 무능을 드러낸다고 하겠다.

사회적으로 죽은 존재나 다름없는 벤지는 인간의 통합된 정체성에서 가장 멀리 떨어진 존재로 제시된다. 그의 몸을 이루는 분자들도 "서로 서로 일관된 모습을 이루기를 거부하는 모습"(420)이라고 묘사되고 있는데, 이런 그의 모습은 인간을 위엄 있게 하는 모든 요소로부터 그가 얼마나 멀리 있는지를 예시한다고 하겠다. 벤지의 이런 비참한 상태는 작가가 쓴 서문에서 다시 한번 이야기되고 있다.

생각도 없고 이해력도 없다; 형체도 없고 중성인 상태이며 생명의 시초에서 오직 견디는 능력 때문에만 존재할 수 있었던 눈도 없고 목소리도 없는 존재와 같다. 절반은 흐물흐물한 상태에서 무엇인가를 찾아 헤매고 있다. 해 아래서 지성이라고는 없이 온통 고통만 느끼는 무력하고 창백한 덩어리 같은 존재이다. ……

Without thought or comprehension; shapeless, neuter, like something eyeless and voiceless which might have lived, existed merely because of its ability to suffer, in the beginning of life; half fluid, groping; a pallid and helpless mass of all mindless agony under the sun. …… (26－7)

생각도 이해력도, 형체도 없이 무력하게 고통만 느끼고 있는 그의 모습은 싱걸이 지적하는 것처럼, 사회적인 정체성이 상실된 모습에 다름 아니며, 그것은 "현대의 남부의 정체성에서 포크너가 본 위기를 가장 극적으로 제시"(140)하도록 기능한다.

그런데 벤지는 백치이기 때문에 자신에게 일어나는 상실과 박탈의 의미를 알지 못한다. 그리고 그것이 아버지의 무능과 구남부 세계의 몰락과 관계있는지도 모른다. 그는 다만 자신의 상실을 느끼고 울 뿐이다. 그가 상실에 대해 보일 수 있는 유일한 반응은 울음이다. "배가 출발할 때 내는 소리 같은 느리고 쉰 음성," "소리가 나기 전에 이미 나오는 것 같고, 소리가 멈추기 전에 이미 멈추어 있는 것 같은 소리"(459)12)로 묘사되는 그의 울음은 그가 외부와 소통할 수 있는 유일한 방법이다.

그에게 일어난 상실들은 그로서는 이해할 수 있는 성질의 것이 아니다. 그런 의미에서 작가가 서문에서 밝혔듯이 그의 슬픔은 시간의 흐름과 더불어 누그러질 수 있는 것이 아니다. 그의 슬픔은 언제나 현재형이다.

울음을 통해 그가 기록하는 상실의 목록들, 예컨대, 이름을 잃고 재산을 잃고 캐디를 잃는 것, 그리고 거세당하는 것은 그를 지켜 주지 못한 아버지의 무능과 관계있음에도 불구하고 벤지의 의식은 유아기의 상태에 머물러 있기 때문에 아버지 세계와 역사와 대면할 수 없다. 그의 기쁨과 고통의 감정은 어머니와의 관계를 둘러싸고 일어난다. 그래서 그의 장에서 가장 중심적인 사건은 그와 어머니 인물

---

12) William Faulkner, *The Sound and the Fury*. 1929. (Seoul: Shina-sa, 1983). 앞으로 이 책으로부터의 인용은 면수만 표기할 것임.

과의 유대 / 분리 사건이다.

벤지에게 있어 보살핌과 애정을 제공하는 모성적 존재는 누이인 캐디(Caddie)이다. 캐디는 모성적 자질이 결핍된 어머니를 대신하는 인물이다. 캐디와 어머니 콤슨 부인은 모성적 자질과 성욕의 문제와 관련하여 날카로운 대조를 이루도록 형상화되어 있다. 어린아이(벤지)의 마음속의 욕구를 정확히 알고 채워주는 캐디 / 아이의 욕구를 모르며 애정을 베풀 수 없는 어머니의 대조는 벤지의 이름 변경 사건에서 잘 나타나 있다.

어머니는 벤지가 백치임이 확실해지자 그동안 남동생 이름을 따서 불러왔던 막내아들 이름을 성경에 나오는 벤자민(Benjamin)이라는 이름으로 바꾼다. 성경에서 야곱이 가장 사랑하던 막내아들의 이름인 벤자민을 그녀가 선택했다는 것은 일견 그녀의 아들에 대한 사랑을 보여주는 듯하다. 그러나 그것은 백치 아들과 자기 친정 가문과의 관련을 없애려는 의도를 감추는 허위에 불과하다. 사실 이름은 이름이 나타내는 내용, 즉 기의와 아무 관계가 없다. 그럼에도 불구하고 자신의 출신 가문에 대한 자부심이 강한 어머니는 자기 가문에 조금이라도 해가 미칠까 하여 벤지의 이름을 바꾼 것이다.

그러나 벤지의 이름이 그의 본질과는 아무 상관이 없는 것이지만, 이름은 사회 내에서 공적인 정체성을 대변하기도 한다. 제이슨과 콤슨 부인이 가문의 깨끗한 이름에 집착하는 것도 이름이 곧 그 사람의 위치, 평판을 드러내어 주기 때문이다. 그러므로 벤지의 경우 본래의 이름이 없어지고 새로운 이름으로 대체되는 것은, 퓨젤(Max Putzel)의 지적처럼, 그의 정체성이 공식적으로 지워지는 의미를 함축한다고 할 수 있다(148).

벤지는 이름 변경이 지니는 이런 의미를 알지 못하지만, 그럼에도 불구하고 그 일은 그에게 소중한 것의 상실로 기록된다. 그가 새 이름에 대한 거부반응을 강하게 드러낸 것과, 그의 현재의 기억 속에서 이름 변경 사건이 자주 환기되는 것은 이름 변경이 그의 무의식에 가한 상처의 깊이를 드러낸다. 그런데 어머니 콤슨 부인은 벤지의 이런 거부 반응과 심리적 동요를 이해하지 못할 뿐 아니라 수습할 능력이 없는 것으로 나온다. 어머니는 벤지를 품에 안아 달래기는커녕, 캐디가 그를 달래려는 행동마저도 못하게 막는다. 어머니가 캐디에게 벤지를 안지 못하게 하는 이유는 '무거운' 동생을 안는 행위가 날씬한 '숙녀'의 허리를 상하게 하여 잡일하는 여자처럼 허리를 굵어지게 할 것이라는 우려 때문이다. 그러자 캐디는 벤지가 좋아하는 쿠션을 주어 벤지를 달래려고 하는데, 어머니는 그마저도 못하게 막는다. 캐디가 벤지의 역성을 너무 들면 버릇이 나빠진다는 것이 어머니의 반대 이유이다. 자녀의 정서적인 동요와 욕구를 전혀 읽을 수 없는 어머니는 '규율적인 말'을 통해 자녀를 통제하려 한다. 쿠션마저 빼앗겨 우는 벤지에게 '말'로 그치도록 명하는 어머니 말을 벤지는 듣지 않고 계속 막무가내로 울기만 한다. 그러자 어머니는 어찌할 바 모르면서 자신마저 무능함의 울음을 터뜨리는 것으로 반응한다. 백치 아들 벤지의 슬픔의 울음과, 무능한 어머니 콤슨 부인의 울음을 그치게 수습하는 이는 캐디이다. 캐디는 어머니를 달래는 한편 벤지를 그가 좋아하는 난로가로 데려가 달래는 것이다. 여기서 우리는 애정을 베풀지 않는 어머니, 자녀의 욕망을 알지 못하는 어머니 / 애정을 맘껏 베풀고 동생의 욕구를 잘 알고 채워주는 캐디의 대조적인 모습을 읽을 수 있다. 캐디의 모성적인 면은 벤지에게 쿠션의 포근함과 난로 불빛의 따스함으로 감지된다.

어머니 콤슨 부인에게 양육과 보살핌의 자질이 결핍되어 있다는 점은 늘 아파서 침대에 누워 있는 모습으로 극화되고 있다. 어머니 콤슨 부인의 병약함은 가사와 양육 같은 실제적인 일에서 그녀를 면제시켜주며 누군가의 보살핌을 받아야 하는 존재로 그녀를 규정한다.

그런데 어머니 콤슨 부인의 어머니 역할 실패는 단지 병약하다는 그녀의 육체적 상황에서만 기인하는 것이 아니다. 그것은 그보다 더 큰 문화적 맥락과 관계있다. 콤슨 부인의 어머니로서의 실패는 남부 귀부인 이데올로기와 관계있는 것이다. 백인 상층의 여성들에게 주로 요구되던 남부 귀부인 이데올로기는 육체적인 순결, 신실한 종교심과 강한 도덕의식, 거칠고 조야한 물질세계로부터의 보호를 중요한 내용으로 담고 있었다. 콤슨 부인은 "남부 귀부인이냐 아니냐 하는 구분만 있을 뿐 그 중간 지대는 없다"(192)는 가르침을 강하게 주입받고 컸으며 그 가르침에 충실한 사람이다. 그녀의 말과 행동 하나하나는 이 이데올로기의 영향을 반영한다. 그래서 와인스테인(Philip M. Weinstein) 같은 비평가는 콤슨 부인을 "이데올로기적인 괴물"(31) 같은 존재라고 말하기까지 한다. 그렇게 볼 때 콤슨 부인의 어머니 역할 실패는 그녀 개인의 자질 부족의 문제라기보다 그 사회가 남부 상층의 백인 여성에게 부과한 남부 귀부인 이데올로기의 결함과 관계있는 것이라 할 수 있다.

남부 귀부인 이데올로기의 결함은 이처럼 콤슨 부인의 어머니 역할 실패에서 잘 드러나고 있지만, 그것이 보다 가시적으로 드러나는 부분은 여성의 성적 욕망과 관련해서이다. 남부 귀부인은 자녀 출산의 경우를 제외하고는 육체적 욕망을 금기로 여기도록 주입받았다. 여성의 몸은 오직 백인 계승자를 제공하는 일을 했으며, 인종의 순수 혈통을 보장하기 위해 정숙해야 했다. 남부 문화는 "여성의 육체가 남자나 아이에 의해 규정되지 않으면 위험하거나 무정형이라고 선언함으로써 여성의 육체의 문제를 해결"(Diane Roberts 193)하려고 했다. 성욕은 죄, 더러움, 흑인의 이미지와 연결되는 어떤 것이었다. 성욕은 모성이나 처녀가 결코 포함해서는 안 되는 것이었다. 남부 사회에서 이상적인 어머니는 '처녀(virgin)'와 '어머니(mother)'를 완벽하게 결합시킨 성모 마리아였다[13]. 콤슨 부인이 자신의 성적 욕망을 억압할 뿐 아니라[14] 딸 캐디의 자연스러운 성적인 성숙 역시 죄악시하는 것은 남부 귀부인 이데올로기의 이런 가르침을 반영하는 것이다. 캐디가 첫 키스한 날, 머리에 검은 베일을 쓰고 '우리 딸은 죽었다'고 야단법석을 떤다거나 캐디가 순결을 잃은 것에 대해 캐디가 집안에 나쁜 독을 퍼뜨리는 것으로 간주하며, 나중에 캐디가 부

---

13) 데보라 클라크는 크리스테바의 성모마리아에 대한 분석을 인용하면서 성욕과 모성을 분리시킨 성모마리아는 기독교의 초석이고 남부 지배 이데올로기의 근간이 되었다고 말한다. Deborah Clarke. Ibid. p.23.

14) 필립 와이스테인에 의하면 콤슨 부인은 성숙한 성으로 들어가자마자 곧 그 성에서 나온 인물로서 아이를 분만하고 나서 늘 침대에 누워 지내는 모습이 이를 잘 보여준다고 한다. 그녀는 결혼과 성으로 들어간 이후 그 삶을 서술할 수 없는 삶을 가진 여성이며, 결혼과 모성의 경험을 하나의 저주로 기록하고 있다고 와인스테인은 말한다. Philip M. Weinstein(1992). pp.30-1 참조.

쳐온 양육비를 '타락한 여자'인 캐디에게서 온 것이기 때문에 거절하는 콤슨 부인의 행동은 순결하지 않은 여성을 처벌하는 사회의 전반적인 흐름을 반영하는 것이다.

여성의 순결과 성욕과 관련한 이러한 사고는 콤슨 부인뿐 아니라 집안의 다른 남자 형제들, 퀜틴과 제이슨은 물론이고 벤지 역시 내면화하고 있는 사고이다. 벤지는 다른 남자 형제들이나 어머니 못지않게 여성의 성적인 욕망에 대해 강한 반발을 표출한다. 벤지가 누이의 성적 욕망에 대해 반발하는 이유는 누이의 성적 욕망이 벤지에게서 모성적 존재로서의 캐디를 빼앗아 가기 때문이다.

캐디는 어머니 콤슨 부인과 대조적으로 남부 귀부인 이데올로기의 구속을 받지 않는 인물이다. 외할머니 장례식 장면에서 잘 나타나 있듯이 캐디는 여느 여자아이처럼 얌전하게 놀지 않고 물에 첨벙 뛰어 들어가 옷이 흠뻑 젖도록 놀며, 혼자 나무 위에 올라가 어른들이 금기한 '죽음'의 장면을 훔쳐보는 강한 호기심을 지닌 아이이다. 캐디의 호기심과 대담성은 '성'이라는 금기된 영역에 대해서도 유감없이 발휘되는 바, 캐디는 자유롭게 성적 욕망을 표출한다.

그런데 캐디의 성적 욕망은 모성적 충동과 충돌함으로써 비극적인 성격을 띠게 되는데, 이 충동을 유도하는 인물이 바로 벤지이다. 벤지와 캐디에게 모성적 유대를 가능하게 하는 것은 캐디의 순결이다. '풋풋한 나뭇잎 냄새'로 감지되는 캐디의 순결에 그가 집착하는 것은 그 때문이다. 캐디의 '나뭇잎 냄새'를 지우는 것은 캐디의 성적인 성숙과 여성성의 표현인 '향수와 화장'이다. 벤지에게 있어 나뭇잎 냄새 / 향수와 화장은 '에덴적 순수' / '씻어내야 할 더러움, 얼룩, 죄'

(Bleikasten 49)의 대조로 나타난다. 벤지는 캐디의 성적인 욕망을 억압하고 모성적인 애정만을 요구한다. 캐디에게서 '나뭇잎 냄새'가 영원히 머물러 있기를 바라는 것이다.

벤지가 캐디를 모성적인 역할로 밀어 넣으면서 그 역할을 벗어난 캐디에게 죄의식과 절망, 수치를 강요하는 모습은 다음 장면에서 가장 잘 나타나고 있다.

 ······ 그녀는 문간에 서 있었고 다음 순간 그가 그녀 옷을 잡아끌면서 목청 높여 울었는데 그 목소리는 벽 사이에서 물결치듯 앞으로 갔다 뒤로 갔다 하면서 못질을 해대고 있었다. 그러자 그녀는 벽에서 움츠러들어 점점 작아지고 있었다. 창백한 얼굴을 하고 눈은 마치 엄지손가락으로 후벼 파인 것 같이 하고서. 그러자 그는 그녀를 문밖으로 밀어냈으며 그의 목소리는 앞뒤로 망치질을 해대고 있었다. 마치 조용한 울부짖음 속에는 자기 자리가 없다는 듯이 한 순간도 멈추게 하지 않으려는 듯이 말이다.

 ······ she was standing in the door the next minute he was pulling at her dress and bellowing his voice hammered back and forth between the walls in waves and she shrinking against the wall getting smaller and smaller with her white face her eyes like thumbs dug into it utill he pushed her out of the room his voice hammering back and forth as though its own momentum would not let it stop as though there were no place for it in silence bellowing(221).

캐디가 순결을 상실하고 온 날 벤지가 보인 반응을 묘사하는 이 장면에서, 단단한 못질에 비유되고 있는 벤지의 울음소리는 캐디의 존재를 점점 움츠러들게 만들고 눈과 얼굴에 생기를 지우는 역할을 하고 있다. 캐디의 존재를 움츠러들게 하고 창백하게 만드는 것은 캐디의 성적 욕망에 대한 벤지의 정죄이다.

사실 캐디의 순결 상실은 그녀 자신으로 보아서는 그렇게 비극적인 경험이 아니었다. 그녀는 강압적으로 누군가에 의해 순결을 강탈당한 것이 아니라 그녀 스스로 사랑하는 사람에게 순결을 준 것이다. 그리고 퀜틴 장을 통해 나타나는 것처럼, 순결을 버리고 맺은 두 사람 간의 관계는 캐디 자신으로 보아서는 충족감과 전율을 준 것이었다. 그러므로 순결 상실 사건은 캐디 자신에게 그렇게 죄스러운 것이 아니었다. 그녀에게 있어 성적 욕구는 더럽고 죄스러운 어떤 것이라기보다 집안사람들의 반대에도 불구하고 추구하고 싶은 어떤 것으로 나오는 것이다.

그런데 그녀의 솔직하고 당당한 성적 욕구의 표출이 벤지가 강요하는 모성적 충동과 부딪히고, 이 충돌은 캐디에게 마땅한 보살핌을 저버렸다는 죄의식을 불어넣는 것이다. 그녀의 죄의식은 창백한 얼굴, 움츠러드는 모습, 작아지는 모습으로 재현되고 있다. 그리고 움츠러들고 작아지던 캐디의 모습은 급기야 집안에서 지워지는 데까지 나아간다.

캐디가 자기의 욕망에 따르고 남부의 지배 이데올로기가 여성에게 기대하는 역할을 저버린 순간 그녀는 집안에서 수치와 불명예를 상징하는 존재로 전락된다. 남부의 귀부인 이데올로기를 강하게 내면화하고 있는 어머니 콤슨 부인은 순결하지 않은 캐디를 죽은 것으로 간주하고 그녀의 이름조차 집안에서 거론하지 못하게 금지시키는데, 이로써 그녀는 과거의 존재, 죽은 것과 같은 존재가 된다. 캐디의 성적 욕구의 표출은 그녀를 추방되어야 할 존재, 위협적인 존재가 되게 하는 것이다.

이렇게 볼 때 벤지의 외상의 경험의 핵심이 되는 어머니 인물과의 분리는 남부의 귀부인 이데올로기가 여성의 욕망을 포함할 수 없는 것에서 비롯되는 것이라 할 수 있다. 어머니 인물이 따뜻한 애정을 베풀 수 있는 자질에도 불구하고 오직 성적 욕망을 표출했다는 그 이유만으로 그 가족에게서 축출되어야 하는 것은, 모성과 성적 욕망을 분리한 남부의 문화가 가진 결함을 나타낸다. 블라디카스탄의 표현을 빌면, "an ugly story"인 콤슨가의 이야기의 "아름다운 대척점"(55)을 이루는 존재가 바로 캐디인데, 이런 캐디를 수용하지 못하는 사회는 그 자체로 결함을 드러내는 것이라 할 수 있다.

하지만 백치인 벤지는 사회와 문화의 질서의 의미를 알지 못하므로 오직 어머니 인물인 캐디를 상실한 것에 집착한다. 유아기 상태의 벤지에게 있어 어머니로서의 캐디를 상실한다는 것은 곧 전 세계의 상실을 의미하고 그것은 곧 심리적 안정감의 박탈로 이어지기 때문이다. 그런 의미에서 벤지의 가장 큰 공포는 캐디의 상실이라고 할 수 있다. 캐디의 빈자리를 흑인 유모인 딜시가 내신해 주긴 하나, 딜시가 캐디의 부재를 완전히 메울 수는 없다. 그는 캐디와 연관된 것들, 예컨대, '낡은 슬리퍼, 쿠션, 난롯불, 거울이 있던 자리' 같은 대상물을 통해 캐디의 부재를 메우려고 노력한다. 이 대상물들은 직접적인 감각을 그에게 되살려 놓기는 하지만 그것들이 캐디의 부재를 메울 수 없음은 명약관화하다.

캐디가 없는 현재 속에서 벤지는 끊임없이 감금되고 통제되어야 하는 존재로 나온다. 어머니에게 있어 벤지는 언제까지나 '죄에 대한 심판'을 나타내는 존재이고, 형인 제이슨에게 있어서 그는 '정신 병원에 보내야 할 백치,' '곰이나 거세된 말과 같은 존재'이고, 조카 퀜틴에게 있어 그는 '돼지같이 지저분한 존재'이며, 그리고 흑인 하인인 러스터(Luster)에게 있어 그는 '늘 따라다녀야 할 성가신 존재, 화가 나면 화풀이 할 대상'에 불과하다. 그는 허락 없이 울타리, 대문을 넘어갈 수 없으며 집안에서도 사람들의 눈에 띄는 뜰에는 나갈 수 없다.

따라서 캐디에 대한 그의 그리움은 모성에 대한 그리움에 다름 아니며, 그것은 모성이 부재한 황폐한 현실에 대한 반응이라고 할 수 있다. 그는 모성의 부재를 유도한 현실, 즉 여성의 성욕과 모성을 분리시키고 성욕을 표출하는 여성을 축출시키는 사회의 문제를 알 길이 없기 때문에 울음과 기다림이라는 두 가지 방식으로 모성 부재의 현실에 대응한다.

작품 전반에 걸쳐 지속적으로 나오는 그의 울음은 그의 상처의 고통을 드러내도록 기능한다. 그리고 기다림은 시간의 흐름과 변화에 대한 그의 무지와 과거에 강박된 그의 모습을 상징적으로 드러내도록 기능한다. 백치인 그는 캐디를 상실한 이후의 시간의 흐름을 감지하지 못한다. 그는 캐디를 먼 과거에 상실한 것인지, 혹은 바로 직전에 상실한 것인지 알지 못한다. 그는 자신이 대문간에서 캐디를 기다리고 있으면 곧 캐디가 학교에서 돌아올 것 같은 환상을 지니고 있다. 그래서 그는 해질 녘만 되면 대문에 나가 캐디를 기다리는데 그의 이런 모습은 과거에 강박된 사람의 모습을 상징적으로 드러낸다.

상실의 의미를 알지 못하고 '과거의 행복한 순간'의 회복에 집착하는 그의 이런 태도는 그러나 더 혹독한 시련을 불러들인다. 그가 유년기의 캐디를 연상시키는 소녀들과 접촉하려다 실패하는 것은 주관적 욕망/외적 현실의 차이를 드러낸다. '캐디에 대한 그리움'이라는 그의 주관적 욕망이 소녀 아버지와 자신의 식구들에 의해 '성적 공격'으로 해석되는 것은 그가 외부와 소통할 수 없음을 단적으로 드러낸다. 뿐 아니라 그가 그 일로 거세당하는 것은 과거에 집착하는 태도의 위험을 극명하게 드러내는 것이라 할 수 있다. 과거의 집착은 현재의 세계의 흐름에 대한 단절을 의미하고, 그 단절은 사회적 죽음을 의미하는 거세로 이어지기 때문이다.

이런 의미에서 우리가 벤지의 운명에서 보는 것은 모성과의 합일을 그리워하는 유아적인 존재, 상실을 가져온 시간의 흐름과 변화에 적응할 수 없는 주체의 모습이다. 변화에 대한 그의 거부반응은 소설의 마지막 장면에서 상징적으로 잘 나타나 있다. 집안에 늘 갇혀 지내는 벤지가 공식적으로 집 밖에 나갈 수 있는 기회가 일주일에 한번 있는데 교회와, 가족들이 묻혀 있는 묘지로 가는 외출이 바로 그것이다. 벤지는 대문 밖으로 나오면 내개 울음을 그치는데, 이는 대문 안(집안)의 공기가 얼마나 그를 질식시키는지를 역으로 보여주는 대목이다. 그런데 가족 무덤에 가던 그날, 마차를 늘 몰던 티피 (T.P.)가 없어 러스터가 마차를 몰고 가는 바람에 늘 가는 방향으로 가지 않고 반대 방향으로 가게 된 일이 생긴다. 그러자 벤지는 거의 숨 쉴 틈도 없이 발작적이고 지속적으로 울음을 터뜨리는데, 그의 이 울음은 변화에 대한 그의 공포, 충격, 고통을 드러내는 것에 다름 아니다.

이상에서 살펴보았듯이 벤지 장은 콤슨가의 비극과 함께 진행되는 자신의 비극이 마치 모성적 존재가 부재하기 때문에 일어나는 것 같은 느낌을 강하게 전달한다. 이는 모성적 존재와의 관계를 통해서만 안정감과 충족을 느낄 수 있는 그의 유아적 상태와 관련이 있는 것으로서, 다른 형제들의 비극의 전모를 밝혀주지는 못한다. 남자 형제들의 의지를 무력화시키는 것으로 나오는 캐디의 순결 상실이 다만 모성적 존재의 상실을 의미하는 것이 아니라는 것, 그것은 아버지 세계의 실패와 관계있다는 것을 우리는 퀜틴 장에 가서야 알게 된다.

B. 퀜틴: 구남부에 대한 향수의 운명

벤지 장이 콤슨가의 비극에 대한 서곡으로 기능했다면 퀜틴 장은 콤슨가의 비극의 핵심 속으로 우리를 인도한다. 몰락해 가는 집안의 '마지막 희망'이었던 장남 퀜틴의 죽음은 단지 그의 자아의 소멸을 의미할 뿐 아니라 자기 가족의 몰락에 최종점을 찍는 행위와도 같다는 의미에서 그러하다. 그는 철저한 희생자였던 벤지와 달리 집안의 몰락에 적극적인 역할을 하는 존재이다. 겉으로 차분하게 차근차근

자살을 준비하지만 내적으로는 극심한 동요 가운데 있는 퀜틴은 죽음의 방법 아니고는 달리 풀 수 없었던 자신의 딜레마로 우리를 인도한다.

백치 동생 벤지와 달리 예민한 지성을 소유한 청년인 퀜틴은 복잡하고도 난해한 사고의 패턴을 제시하고 있지만, 그의 의식 속에 중심적인 것으로 떠오르는 것은 벤지와 마찬가지로 모성 부재의 현실과 누이에 대한 애착이다. 그는 벤지처럼 어머니의 사랑과 관심의 결핍을 뼈아프게 느끼며 어머니를 대신하던 누이 캐디가 성적인 성숙과 함께 그에게서 멀어져간 것을 고통과 결핍으로 기억한다. 벤지의 의식이 구체적으로 표현하지 못한 콤슨 부인의 어머니 역할 실패는 퀜틴의 의식 속에서 명료한 표현을 얻는다. 가령 다음과 같은 구절은 모성 부재의 현실에서 그가 느끼는 정서적 곤경을 잘 표현하고 있다.

내게도 엄마가 있었더라면 엄마 엄마라고 말할 수 있을 텐데.

if I'd just had a mother so I could say Mother Mother(281)

⋯⋯ 선조들 중 한 사람은 주지사였고 세 명은 장군이었건만 엄마는 없었다.

⋯⋯ one of our forefathers was a governor and three were generals and mother's weren't(190).

엄마 마음속에서 끝나버렸다. 끝났다. 끝.

그리하여 우리는 모두 독을 삼켰던 것이다.

Done in Mother's mind though. Finished. Finished.
Then we were all poisoned(190).

동굴은 바로 어머니였다.

······ the dungeon was Mother herself ······ (283)

 퀜틴의 마음속에서 그의 어머니는 '존재하지 않는 자,' 그리고 더
나아가 '독을 주는 자,' '어둠 속에 자아를 가두는 동굴'의 이미지로
나타나고 있는 것이다. 그리고 이 어머니 자리를 대신하던 캐디의
부재, 캐디의 순결 상실은 그에게도 강박으로 작용하고 있다. 그의
강박된 사고는 누이의 성적 독립과 자신의 분리를 중심으로 돌고 있
고 누이의 순결 상실 사건에서 가장 고조를 이루고 있다. 그리하여
그의 상처의 깊은 원인이 벤지와 마찬가지로 누이의 상실에 있는 것
처럼 제시된다.
 하지만 누이에 대한 그의 애착과 상실은 단순히 어머니 인물에
대한 애착과 상실을 의미하지 않는다. 그것은 아버지 세계의 실패와
긴밀하게 연관되어 있다. 다시 말해 누이인 캐디와 그의 독특한 관
계는 아버지 세계의 실패 문제와 함께 고려될 때만이 온전히 해명될
수 있는 것이다. 사실 퀜틴의 마음은 캐디에게 강박되어 있지만, 아
버지 역시 캐디 못지않게 그의 마음속에서 큰 비중을 차지하는 존재
이다. 밀게이트(Michael Millagte)는 "퀜틴의 마음은 캐디를 향하는

것만큼이나 아버지에게 향해 있다"(95)고 지적하며, 블레이카스탄도 "퀜틴이 처음부터 끝까지 말하는 대상은 아버지"이며, "그의 담론의 1차적 대상이 캐디라면, 그의 담론의 함축적 수용자는 아버지(83)"라고 말함으로써 퀜틴의 의식에서 아버지가 차지하는 중요성을 인정하고 있다.

퀜틴 장에서 아버지는 어머니와 달리 아들과 갈등 관계로 제시되지 않고 있다. 그와 아버지는 상호 신뢰와 애정의 관계를 맺고 있으며 퀜틴은 아버지에게 그의 속마음을 털어놓을 정도로 부자 관계가 친밀하다. 그러나 아버지 콤슨씨는 퀜틴으로 하여금 어머니로부터 분리를 수행하고 자신이 속해 있는 세계로 들어올 수 있도록 이끄는 아버지의 역할을 수행할 수 없는 무능한 아버지이다. 구농장주의 엘리뜨 후손으로서 몰락을 경험한 아버지는 그에게 전수할 가치를 지니고 있지 못한 것이다. 아버지 콤슨씨의 이런 무능함은 남북 전쟁에서의 패배와 그에 따른 구남부 세계의 소멸과 관계되어 있다. 남북 전쟁을 기점으로 구남부적 세계 질서에서 신남부적 세계 질서로 넘어온 시대 변화는 기사도 전통과 귀족 전통에서 자본주의적이고 상업적인 중산층의 세계로의 변화를 이끌었고, 이 변화 속에서 콤슨씨는 자신의 위치를 잃어버린 것이다. 수백 에이커에 해당하던 콤슨가의 땅이 거의 다 팔리고 없는 것은 세계의 변화한 흐름과 콤슨가의 부적응을 반영한다. 콤슨씨는 변화한 현실에 적응하지 못하고 도피적인 삶을 사는 인물로서 몰락한 귀족 계급의 전형적인 인물을 대변한다. 전통 가치의 몰락을 목도한 그는 모든 가치를 부인하는 허무주의와 가혹한 운명의 무력한 희생자라는 비관적 세계관, 그리고 인간은 모든 싸움에 지게 되어 있다는 패배주의적 사고를 견지하면서, 알코올이나 책으로 도피해 살아간다. 아버지의 운명이 웅변적으로 대변하듯이, 기사도적이고 귀족적인 가치는 변화한 현실 속에서 더 이상 자리할 수가 없는 상태인 것이다.

하지만 퀜틴의 정신의 지향은 선조들의 세계에 가 있다. 그는 아버지가 전수하는 허무주의적 가치관에도 불구하고 선조들의 기사도 문화, 명예의 가치를 고수하는 것이다. 그런 의미에서 퀜틴에게 있어 부성적 인물은 아버지인 콤슨씨라기보다 1대 선조인 콤슨 장군이라 할 수 있다.[15] 퀜틴이 자신의 모델 인물, 동일시의 대상으로 할아버지를 생각하고 있다는 것을 다음 구절에서 찾아볼 수 있다.

나는 죽음을 할아버지 같은 사람, 할아버지의 특별히 가까운 친구 같은 것으로 생각했다. …… 나는 그들이 언제나 사토리스 대령이 오기를 기다리면서 삼나무 너머 높은 곳에 앉아 있는 것으로 생각했다. …… 할아버지는 군복을 입고 계셨으며 우리들은 삼나무 너머에서 중얼중얼 말하는 그들의 음성을 들을 수 있었다. 그들은 언제나 말을 하고 있었으며 할아버지는 언제나 옳았다.

It used to be I thought of death as a man something like Grandfather a friend of his a kind of private and particular friend …… I always thought of them as being together somewhere all the time waiting for old Colonel Sartoris to come down and sit with them waiting on a

---

15) 그래서 어윈과 블레이카스탄은 콤슨씨를 아버지 인물이라기보다는 '유약한 아들,' '패배의 길을 제시하는 형' 같은 존재라고 언급하고 있다. John Irwin(1975). p.110, Andre Bleikasten(1990). p.84. 참조.

high place beyond cedar trees ······ Grandfather wore his uniform and we could hear the murmur of their voices from beyond the cedars they were always talking and Grandfather was always right(287).

이 구절은 퀜틴과 구남부 가치의 긴밀한 연관을 보여주는 동시에 구남부 가치가 현실에서 맞지 않은 죽은 가치라는 것을 잘 보여주고 있다. 우선 할아버지가 군복을 입은 채 '삼나무 너머 높은 곳'에 위치하고 있다는 것은 그곳이 구남부적 가치의 장소임을 알 수 있게 한다. 싱걸이 지적하듯이 그곳은 남부의 기사들이 머무는 곳이다 (130). 또 그들이 언제나 말을 하고 있고 그 말을 퀜틴이 들을 수 있었다는 것은 퀜틴이 구남부 세계와 소통하고 있었음을 의미한다. 그리고 퀜틴에게 있어 구남부 세계의 가치는 언제나 '옳은' 것으로 여겨진다. 말하자면 그 가치가 영구불변한 가치로 받아들여지는 것이다. 그런데 구남부 가치를 구현하는 할아버지와 사토리스 대령이 '죽은 인물'이라는 것, 죽음이 '할아버지의 특별한 친구' 같은 것이었다는 것은 구남부 세계의 가치 역시 죽은 가치임을 알 수 있게 한다.

이렇게 볼 때 퀜틴은 변화한 현실에서 맞지 않은 죽은 가치에 매달려 있는 셈이다. 구남부적 가치에 대한 퀜틴의 수용은 명예, 기사도 전통의 수용을 의미하지만 그것의 토대는 성적, 인종적 차별적 질서라는 것이 흑인과 여성에 대한 그의 태도에서 드러난다. 퀜틴은 북부에서 고향인 남부에서 보기 힘든 새로운 유형의 흑인 인물을 만나고 변화된 흑백 관계를 경험하였음에도 불구하고 기존의 인종적 전제를 가지고 흑인을 바라보며, 남부 귀부인 이데올로기 속에서 여성을 바라보는 그는 '순결'이라는 감옥에 여성을 가두려 한다.

사실 북부에서 그가 경험한 흑백관계는 고향인 남부의 경우에 비해 새로운 것이었다. 북부에서는 흑인을 '깜둥이' 같은 경멸적인 어조가 아니라 '유색 인종' 같은 점잖은 언어로 부르며, 극단적인 인종 분리 정책을 펴던 남부에서와 달리 북부에서는 흑인과 백인이 같은 버스에 타고 다닌다. 그리고 북부의 흑인들은 남부의 흑인들과 달리 잘 살고 윤택해 보이기도 한다. 특히 교정에서 40년을 일해 온 디콘(Deacon) 같은 흑인은 자유자재로 역할을 바꾸면서 나름대로 성공을 이룬 흑인으로서 남부에서 좀처럼 보기 힘든 유형을 대변한다. 그는 남부 출신의 학생들이 낯설고 적대적인 환경에서 고향과 친숙한 것을 그리워한다는 것을 이용해서 그들에게 낯익은 흑인 노예의 역할을 함으로써 돈을 버는 인물이다. 그는 한눈에 남부 출신 학생들을 알아보며, 그들의 말투를 듣고 금방 출신 주까지 알아맞힐 정도로 영리한 흑인이다. 그는 남부인들의 구미에 맞게 『톰 아저씨의 통나무집』(Uncle Tom's Cabin)에 나오는 흑인 아저씨처럼 덕지덕지 기운 옷에 방언을 구사하여 남부출신 학생들에게 친밀감을 준다. 말하자면 그는 '비위를 맞추고 충성하는 흑인 하인'의 이미지를 구사하는 것이다. 그리하여 그는 '순진하고 외로운 신입생들'에게 '이끌어주는 스승(guide mentor)'이요 친구 같은 존재로 인정받는다. 하지만 그에겐 남부의 흑인 노예의 이미지만 있는 것이 아니다. 그는 남부 학생들의 짐을 받을 때 15세 가량의 백인 소년을 사서 짐을 부릴 정도로 어느 정도 재산이 있는 흑인이다. 그는 남이 입던 고급 옷과 프린스턴 대학 클럽 기장이 붙은 모자를 쓰고 다니면서 학생을 이름으로 부르면서 친근감을 과시하고 정치적 이야기로 학생들의 인기를 끌며, 세상 사람들에게 "점잔빼면서 그럴싸하게 보이는 태도 (pompous, spurious)(187)"를 보이기 위해 애쓴다. 그의 이런 태도는 남부의 전형적인 흑인의 정체성을 벗어던지고 새로운 정체성을 찾으려는 노력을 반영한다. 퀜틴이 그를 보며 '북부인'을 닮았다고 느끼는 것은 이와 관계있다.

퀜틴은 이처럼 북부에서 새로운 흑인 유형을 접하고, 북부 백인들이 흑인들에 대해 취하는 새로운 평등의식을 접하지만[16] 그가 흑인을 바라보는 근본적인 태도는 남부의 특권을 가진 백인 남성 주인의 태도이다. 그는 점차 북부인의 태도를 닮아가는 디콘의 태도를 비난이나 두려움의 시선으로 보지 않고 온화하지만 자신의 우월을 의심치 않는 백인 주인의 시각으로 바라본다. 디콘의 "사소한 속임수"와 "위선"이 좋은 것은 아니지만, "다른 사람보다 하나님의 비위를 더 상하게 할 정도는 아니"라고 보며(185), 그가 세상 사람에게 내보이려고 스스로 훈련한 그 "점잔 빼는 그럴싸한 태도"가 그리 "천박한 것"은 아니라고 생각한다(187). 그리고 퀜틴은 디콘이 새로운 유형의 흑인처럼 보이지만 사실 그의 배후에는 여전히 남부 흑인의 정체성이 있다고 생각한다. 퀜틴이 디콘에게 슈리브에게 줄 편지를 전하면서 그 속에 디콘에게 줄 '선물'이 섞여 있다고 언급하는데, 그 말을

---

16) 물론 북부에서 백인과 흑인이 완전한 평등한 관계를 이룬 것은 아니었다. 이는 퀜틴이 버스를 탔을 때 흑인 옆 좌석에만 자리가 비어 있는 것으로 미루어 알 수 있다. 하지만 북부는 적어도 법적으로는 백인과 흑인이 동등했다. 남부와 같은 분리정책이 북부에는 없는 것이다.

전해 듣는 디콘의 시선에서 퀜틴은 자기 집안의 하인이었던 로스커스의 시선과 같은 시선을 발견한다. 즉 "뭔가 자신 없고 슬프며 말로 표현하지 못한 은밀한 것(diffident, secret, inarticulate and sad)" (187)을 포착한다. 결국 흑인은 아무리 자신만만한 태도를 취하고 있어도 여전히 백인의 시혜를 바라는 열등한 존재인 것이다.

베푸는 주인과 시혜를 받는 흑인의 관계는 그가 크리스마스 때 고향 가는 기차를 타고 가다 만난 흑인과의 에피소드에서 잘 나타난다. 기차를 타고 고향에 가던 퀜틴은 깜박 잠이 들었다가 깨어나는데 그때 창문 밖에 나귀를 탄 누추한 흑인이 그의 눈에 들어왔다. 그 흑인은 기차가 지나가기를 기다리고 있던 참이었다. 언제부터 그 자리에 있었는지 모를 그 흑인은 퀜틴에게 '고향에 왔습니다'라고 알려주는 표지판, 또는 '울타리나 길, 혹은 언덕과 같이 그곳에 만들어져 있는 것'으로 비춰진다. 퀜틴은 창문 틈으로 그에게 크리스마스 선물을 사라고 동전을 던져주고 흑인은 기꺼이 고마운 마음으로 그 동전을 받는데 이 두 사람의 행동은 옛 위계적 인종질서를 그대로 재연하는 것이라 할 수 있다.

"크리스마스 선물!"이라고 내가 말했다.
"어서 오세요 주인 양반. 날 이긴 건 아닙죠?"
"이번엔 이걸 받아." 작은 그물 선반에서 바지를 끌어내려 15센트를 꺼내었다.
"다음번엔 잘 봐. 새해 이틀 뒤 내 이곳을 지나갈 테니. 그때 잘 보라구." 나는 창문으로 15센트를 던졌다. "크리스마스 선물이나 사라구." "네, 주인 양반"이라고 그가 말했다. 그는 내려서 동전을 주 워 바지에 쓱쓱 문질렀다. "고맙습니다, 젊은 주인양반. 고맙습니다"

"Christmas gift!" I said.

"Sho comin, boss. You done caught me, aint you?"

"I'll let you off this time." I dragged my pants out of the little hammock and got a quarter out.

"But look out next time. I'll be coming back through here two days after New Year, and look out then." I threw the quarter out the window. "Buy yourself some Santy Claus."

"Yes, suh," he said. He got down and picked up the quarter and rubbed it on his leg. "Thanky, young master. Thanky / " (169)

이 장면에서 우리가 목격하는 퀜틴은 내적 혼돈으로 가득 차 있는 내향적인 젊은 청년의 모습이 전혀 아니다. 그는 흑인에게 크리스마스 선물을 주는 당당한 '백인 주인'의 모습을 하고 있다. 와인스테인이 지적하듯이 타고 가는 기차 속의 퀜틴 / 그곳에 붙박인 듯 있는 흑인과 노새의 대조가 두드러지는 이 장면에서 백인은 문명과 변화를 상징하는 기차 속에 있는 반면 흑인과 노새는 변화하지 않는 모습, 끈기 있는 모습, 자연과 같은 모습으로 재현되어 있다. 퀜틴은 끈기 있게 부동의 자세로 있던 그 흑인에게서 "징직인 고요한(static serenity)"(169)을 읽어내는데, 이는 그가 흑인을 풍경처럼 외부에서 바라보고 있음을 잘 예시해 준다. 퀜틴은 흑인의 모습을 통해 "낯익은 고정된 세계에 대한 위안적 이미지"(Thadious M. Davis 76)를 구

하고자 한 것이지 흑인을 고유한 감정과 개인적인 삶을 가진 개체로 보고 있지 않은 것이다.[17)]

 그런데 그의 의식 속에서 흑인 이미지가 백인의 시각에서 구성된 것임을 자각하는 듯한 대목이 나온다.

  나는 백인이든 흑인이든 사람들을 대하는 가장 좋은 방식이 그들이 생각하는 대로 그들을 받아들이고 내버려두는 일이라는 것을 알게 되었다. 내가 그것을 깨달은 때는 흑인이 사람이라기보다 한 행동 형태, 흑인들이 그 속에서 살아가는 백인들을 거꾸로 비춘 영상 같은 존재라는 것을 알게 된 때였다.

  ······ I learned that the best way to take all people, black or white, is to take them for what they think they are, then leave them alone. That was when I realized that a nigger is not a person so much as a form of behavior: a sort of obverse reflection of the white people he lives among(168).

 만약 흑인들이 백인들의 사고의 반영이라면, 흑인들의 본래의 모습과 백인에 의해 만들어진 모습 사이에는 괴리가 있을 수 있다. 이

---

17) 그 흑인을 보면서 이어지는 생각도 흑인에 대한 백인들의 고정관념을 그대로 반영한다. 그가 보기에 흑인들은 이중적인 면을 지닌 존재들이다. 아이 같은 무책임성과 의무를 회피하는 경향을 지녔는가 하면, 또 백인들의 변덕을 지치지 않고 다정하게 받아주는 너그러운 존재이다. 그의 이런 흑인관은 '상실된 명분'의 이념이 조장한 흑인의 이미지를 그대로 반영한다. 상실된 명분이념은 흑인을 무력하고 감상적이며 아이 같은 존재로 비하하거나, 충실한 노예, 혹은 유모 이미지를 조장했다.

는 북부인들이 생각하는 남부인과 실제 남부인들의 모습 사이에 괴리가 있는 것과 마찬가지이다. 퀜틴 스스로 이런 괴리를 경험한 바 있다. 그런데 퀜틴은 자신의 이 경험을 흑인들과의 관계에 적용시키지 못한다. 그는 흑인 속에 내재해 있을 본 모습에 대해서는 더 이상 생각을 진전시키지 않고, 자신이 기대하는 모습으로만 흑인을 바라본다. 그에게 있어서 흑인은 하나의 사람이라기보다 '고향 도착'을 알리는 표지판, 혹은 '울타리나 길거리'처럼 한 곳에 세워진 기념비 같은 존재에 불과하다. 그리고 그가 원하는 흑인의 모습은 변화하는 세계 속에서 영원히 불변하는 존재로 남아 있는 모습이다. 흑인이 흑인 자리에 남아 있을 때, 백인 남성 주인으로서의 그의 자리도 보장되기 때문이다.

북부의 새로운 경험은 흑인과 관련하여 퀜틴에게 큰 동요를 주지 못하는 반면, 누이의 순결 상실 사건은 퀜틴에게 존재의 위협을 줄 정도의 무게를 가지고 퀜틴을 압박하는 것으로 제시된다. 퀜틴이 누이의 순결 상실 사건에 그토록 큰 충격과 상처를 받는 이유는 그 사건이 그로 하여금 그가 고수하던 가치, 구남부적 가치의 몰락을 현실로서 받아들이도록 요구하기 때문이다. 그에게 있어 누이의 순결은 벤지의 경우처럼 그와 누이 사이의 모성적 유대를 가능하게 하는 것이지만, 동시에 그것은 구남부 세계의 가치와 긴밀하게 연관되어 있는 것이다. 누이가 대담하고 강렬하게 표출하는 성적 욕망은 남부 귀부인 여성이 포함해서는 안 되는 어떤 것이었다. 특히 퀜틴은 퓨리턴적 사고를 내면화하고 있기 때문에 성을 저급하고 불결하며 사악한 어떤 것으로 간주하고 따라서 누이에게서 성욕을 인정할 수가 없다. 성욕에 대한 그의 부정적인 시각은 캐디의 성욕을 '숲,' '돼지떼'의 이미지로 비유하는 것을 통해 알 수 있다. 숲은 법원 시계 불빛, 마을의 불빛, 어머니 방의 불빛의 반대편에 있는 것으로 검은 욕망이 지배하는 세계이다. 숲이 그에게 연상시키는 것은 '속삭임,' '은밀하게 피어오르는 향기,' '벌거벗은 열정적인 몸 아래서 뜨겁게 달구어진 피의 맥박소리,' '돼지떼'이다. 여기서 특히 돼지떼의 연상은 퀜틴이 정욕을 죄, 더러움과 연결시키는 퓨리턴적 유산을 지니고 있음을 보여준다. 정욕과 더러움의 연결은 진흙이미지를 통해서도 표현된다. 퀜틴이 어릴 적 옆집 여자 아이인 나탈리와 성적 함축이 짙은 놀이를 하다가 캐디에게 들키자 무안해하며 진흙탕에 뒹구는 행동을 하는데, 그가 뒹군 진흙탕은 씻어내야 할 더러움, 죄의 이미지를 가지고 있다. 그에게 있어 성은 언제나 더러움, 죄와 연결되어 있다. 그런 의미에서 그가 캐디의 성욕을 바라보는 시선은 처벌적인 시각이며 이 시각은 콤슨 부인을 비롯하여 콤슨가의 남자 형제들이 모두 공유하는 시각이다.

캐디의 성적 욕망과 대담한 행동은 퀜틴의 의식 속에서 이처럼 죄와 더러움과 연관되어 있는 것 이외에 더 큰 의미를 함축하고 있는데 그것은 바로 인종적, 계급적 경계에 대한 위반의 의미이다(Karl Zender 748). 캐디가 밤에 숲에서 남자 만나고 다니는 행위를 흑인 여자 같은 행실로 규정하는 퀜틴의 생각을 통해 이것을 읽을 수 있다. 캐디의 순결은 퀜틴에게 있어 기존의 인종적, 계급적 질서의 유지와 연결되는 개념인 것이다. 그렇기 때문에 캐디의 순결은 단순히 성적으로 처녀인 상태를 의미하지 않았다. 여성의 순결은 집안의 명예와 더 나아가 남부의 명예를 상징하는 것이었다. 남부의 레토릭에서 남부는 "어머니이고 신부이고 여왕, 즉 여성적 실체"였다(Diane Roberts 103). "남북 전쟁 전에 남부는 스스로를 별개의 몸으로 창조"(Anne Goodwyn Jones 160)했는데 남북 전쟁으로 인해 이 몸이 범해진 것이었다. 그리하여 남부인의 의식 속에서 남북 전쟁은 순결한 남부 땅의 강간으로 경험되었다. 땅의 순결은 곧 여성의 순결과 동일시되었고 그것은 북부에 의해 침범되기 이전의 상태를 의미했다. 그리고 남부 땅에 대한 위기의식은 백인 여성에 대한 '강간 콤플렉스'를 통해 표출되었다. 다이언 로버츠에 의하면, '강간 콤플렉스'는 남부의 민족주의와 인종주의가 결합되어 나타난 것으로서, 전쟁 기간에 북부 침략자들에 의한 땅의 약탈이 흑인 남자에 의한 백인 여성의 강간에 대한 두려움으로 대체된 것이었다(104). 백인 여성의 순결의 비중은 흑인이 그것을 더럽힐까봐 두려워하는 마음에 비례했다. 캐디의 순결에 대한 퀜틴의 강박은 바로 남부인의 이런 위기의식과 방어심리를 반영하는 것이다.

캐디의 순결에 대한 퀜틴의 강박이 구남부 땅의 순결함에 대한 집착과 관계있으며, 그 순결에 위협을 주는 존재가 흑인이라는 것을 우리는 외할머니 장례식날 개울가 장면을 통해서 읽을 수 있다. 외할머니의 장례식 날 캐디를 비롯한 네 명의 형제자매들은 어른들이 장례 준비를 하는 동안 개울가에서 놀도록 허락을 받는데 이때 캐디는 여느 때와 마찬가지로 어머니의 말을 어기고 개울가에 들어가 옷이 흠뻑 젖도록 논다. 캐디의 옷이 젖자 콤슨 자녀들을 돌보던 버쉬(Versh)가 '마님이 때리실 것'이라고 말하고(75) 퀜틴도 이를 거들며 캐디를 겁주려 하나 캐디는 전혀 개의치 않는다. 캐디는 옷이 젖지 않았다고 우기다가 '벗어서 말리면 되지'라고 하면서 버쉬에게 옷을 벗기라고 하는 장면이 나온다.

"…… 옷을 벗을 테야. 그러면 마를 거야."라고 그녀가 말했다.
"하지마" 퀜틴이 말했다.
"할 거야" 캐디가 말했다.
"안하는 게 좋다고 말했어." 퀜틴이 말했다.
캐디가 버쉬와 나에게 와서 그녀의 등을 돌렸다.
"벗겨, 버쉬." 그녀가 말했다.
"하지마, 버쉬." 퀜틴이 말했다.
"내 옷이 아니니까요." 버쉬가 말했다.
"벗겨, 버쉬. 아니면 어제 네가 뭘 했는지 딜지한테 다 말할 거야."
 캐디가 말했다. 그러자 버쉬가 옷을 벗겼다.
"너, 옷 벗었어." 퀜틴이 말했다. 캐디가 옷을 벗어서 강둑에 던졌
 다. 그러자 캐디는 속바지와 위 속옷만 남게 되었고 퀜틴이 캐디
 를 때려 캐디가 미끄러져 물에 빠졌다.

…… "I'll take it off," she said, "Then it'll dry."
"I bet you wont." Quentin said.
"I bet I will." Caddy said.
"I bet you better not." Quentin said.
Caddy came to Versh and me and turned her back.
"Unbutton it, Versh." she said.
"Don't you do it, Versh." Quentin said.
"Taint none of my dress." Versh said.

"You unbutton it, Versh." Caddy said, "Or, I'll tell Dilsey what you did yesterday." So Versh unbuttoned it.

"You just take that dress off." Quentin said.

Caddy took her dress off and threw it on the bank. Then she didn't have on anything but her bodice and drawers, and Quentin slapped her and she slipped and fell down in the water(76).

이 장면은 포크너가 이 소설의 창작 모티브로 언급한 배나무 장면만큼이나 핵심적인 의미를 내포하고 있는 장면이다. 이 장면은 퀜틴과 캐디의 관계에서 볼 수 있는 중요한 행동 패턴을 우리에게 제시한다. 배나무 장면에서 나무에 올라가 아이들에게 금기된 '죽음'의 장면을 엿보는 이가 캐디인 것처럼, 이 개울가 장면에서도 '어머니의 말'을 어기는 이는 캐디이다. 캐디는 어른이 부과한 금기를 어기는데 조금도 주춤거리는 태도가 없고 대담하다. 그리고 그녀는 자기가 어긴 일을 과감하게 해결하려고 한다. 젖은 옷을 벗어서 말려 가겠다는 것이 그녀가 내놓은 해결책이다. 그러나 퀜틴의 사고로는 아무리 어리다고 하더라도 여자가 옷을 벗는 것을 용납할 수 없다. 게다가 캐디가 자기 옷을 벗기라고 등을 내맡기는 존재는 흑인 하인이다. 그래서 퀜틴은 필사적으로 캐디를 말리려고 한다. 흑인 하인 버쉬 역시 감히 백인 소녀의 옷을 벗기려고 하지 않는다. 그러나 자기 주장이 강한 캐디는 언제나 그렇듯이 자기 뜻을 관철한다. 그녀는 버쉬의 약점을 언급하며 버쉬가 하지 않을 수 없게 만든다. 그리하여 캐디는 속옷 차림이 되고, 이를 본 퀜틴은 급기야 캐디를 때리고 만다. 퀜틴이 속옷 차림의 캐디를 때리는 행위는 폭력을 통해 캐디의 성적 욕망을 통제하려 하는 의미를 띤다. 그러나 퀜틴의 통제 행위는 캐디의 성적인 면을 더욱 노출시키게 만든다. 퀜틴 때문에 캐디는 물에 완전히 빠져 속옷마저 젖게 되는 것이다. 캐디가 옷을 벗는 행위는 성적인 함축을 지니고 있고 캐디의 옷이 흑인 하인의 손에 의해 벗겨지는 행위는 캐디의 순결이 흑인에 의해 범해지는 이미지와 연결된다. 그렇게 볼 때 이 장면은 백인 남성들의 상상력 속에서 가장 공포를 주는 장면이 될 수 있다. 퀜틴의 의식에서 이 장면이 나오지 않고 아무것도 모르는 벤지의 의식을 통해 이 장면이 나오는 것도 그 때문이다. 벤지의 장이 퀜틴의 의식 밑에 있는 무의식을 대변하는 것으로 볼 때, 이 장면은 퀜틴의 무의식에 있는 공포를 드러내는 장면이라 할 수 있다. 그리고 그의 무의식에 가라앉아 있는 이 공포는 흑인을 육체적인 존재, 백인 누이를 범할 수 있는 존재로 구성하고 경계하는 백인 우월적 이데올로기에 의해 배태된 것이다.

흑인의 육체성에 대한 퀜틴의 무의식적 공포는 이 장면 외에도 그림자와 관련한 장면에서 찾아볼 수 있다. 자살하던 날 퀜틴이 몰두하는 대상 중 하나로 그림자가 있다. 여기에 나오는 그림자는 일상적인 그림자가 아니다. 그의 마음속에서 그림자는 거의 '자율적인 존재'같이 움직이고 있다.

그림자는 층층대를 아직 다 넘어오지 못했다. 나는 문 안쪽에 멈추어 서서 그림자가 움직이는 것을 지켜보았다. 그림자는 거의 지각이 있는 것처럼 문 안쪽으로 기어들어와 그림자를 문안으로 몰아넣었다.

The shadow hadn't quite cleared the stoop. I stopped inside the door, watching the shadow move. It moved almost perceptibly, creeping back inside the door, driving the shadow back into the door(161).

퀜틴의 마음속에서 그림자는 자율적으로 움직일 뿐 아니라 마치 육체를 가진 존재같이 나온다. 그림자는 '배꼽'과 '뼈'를 가진 육체적 존재같이 묘사되고 있는 것이다. 그런 의미에서 그림자는 그의 '육체적인 자아'를 의미한다. 다른 한편으로 그림자는 또 흑인 이미지와 겹치기도 한다. 남부 사회에서 흑인은 실체를 가진 존재라기보다 사회에서 그림자 같은 존재로 살아가야 하는 존재이기 때문이다. 그리고 남부 사회에서 흑인은 아이 같은 존재, 충실한 하인의 이미지 외에도 성적인 면, 육체적인 면, 야수적인 면이 두드러진 존재로 부각되었다는 사실에 비추어 볼 때 여기서 육체적인 이미지를 부여받은 그림자와 흑인은 연결되는 이미지다.[18] 퀜틴은 자신의 육체적 자아와 흑인을 의미하는 그림자에서 벗어나고 싶은 마음을 강하게 표출한다. 길을 걸을 때 그림자의 단단한 뼈와 배꼽을 짓밟거나, 강난간에 기대어 서서 그림자를 익사시키고 싶어 하는 태도에서 이를 읽을 수 있다.[19]

---

18) 흑인 정체성과 그림자의 관계에 대해서는 존 어윈과 다니엘 싱걸도 중요하게 언급하고 있다. John Irwin. pp.37－8, Daniel Singall. pp.127－28 참조.
19) 그러나 어둡고 유연하고 유동적이며 외부의 영향을 받지 않는 그림자에게서 그는 벗어날 수 없다. 그가 그림자에서 벗어날 수 없다는 것은 그가 자살하기 직전 강 근처에서 우연히 만나는 세 명의 소년들과의

흑인이 제자리에 있고 여성은 순결을 지킬 때 백인 남성은 안정된 주체 위치를 지킬 수 있다. 따라서 여성의 순결의 상실과 흑인의 일탈을 가져올 수 있게 하는 성욕은 백인 남성에게 공포이고 두려움 그 자체이다. 퀜틴에게 있어 성욕이 그렇게 공포로 경험되는 것은 바로 이런 사회적 함축을 지니고 있는 것이다.

하지만 성에 대한 퀜틴의 부정적이고 처벌적인 시각은 캐디의 자연스럽고 당당한 성 관념과 충돌을 일으키고, 캐디를 순결의 감옥에 가두려는 퀜틴의 시도는 번번이 실패한다. 그리고 그의 실패는 그의 유약함과 성에 대한 그의 모호한 감정과 관계있는 것으로 제시된다. 어릴 적부터 대담한 성격을 지닌 캐디는 여왕이나 요정보다는 왕이나 장군, 거인으로 자신을 동일시한 용감한 인물인 반면, 퀜틴은 남성성을 상징하는 말 타는 일에 서툴고 여성적인 유약한 성격을 지닌 인물로 나온다. 유약한 퀜틴은 사회가 조장한 백인 처녀의 이미지, 백인 처녀의 역할 바깥으로 과감하게 나오는 캐디를 막을 수 없다. 캐디의 담대함과 퀜틴의 소심함의 대조는 캐디가 순결을 잃고 온 날 개울가 장면에서 가장 잘 드러난다. 퀜틴은 순결을 잃은 누이에게 죽음을 권유하며 칼을 목에 대었지만 그 칼을 떨어뜨리고 우는데,

---

에피소드에서 잘 드러난다. 세 명의 소년들 중 한 명은 길을 묻는 퀜틴의 말을 듣고 그가 '유색인종'처럼 이야기한다고 말을 하는 것이다. 그림자 같은 존재인 흑인은 육체적 자아와 마찬가지로 퀜틴의 삶에서 벗어던질 수 없는 존재이다. 심지어 그림자는 퀜틴이 죽음을 통해서도 벗어던질 수 없는 것이다. 퀜틴의 생각 속에 떠오르는 흑인들의 속담에 의하면, "물에 빠져 죽은 자의 그림자"는 없어지지 않고 "언제나 물속에서 자기를 바라보고 있기" 때문이다.

남성성을 상징하는 칼을 떨어뜨리는 것, 마음의 동요가 전혀 없는 캐디와 대조적으로 캐디 품에 안겨 그가 운다는 것은 그의 유약함을 단적으로 드러낸다고 하겠다.

퀜틴은 캐디의 순결을 지키기에 유약한 인물로 나올 뿐 아니라, 그 역시 캐디가 추구하는 성에 이끌리는 마음이 있는 것으로 그려진다. 그는 캐디와 달리 순결한 상태이지만 성적인 이끌림이나 경험이 전혀 없었던 것은 아니다. 어릴 적의 나탈리와의 에피소드는 그 역시 성을 두근거리고 기분 좋은 어떤 것으로 경험했음을 잘 보여준다. 비오는 날 아무도 없는 헛간에 단 둘이 앉아 서로 껴안고 있는 퀜틴과 나탈리의 모습은 성적인 감각을 즐기고 있는 모습에 다름 아니다. 성에 대한 은밀한 즐거움은 캐디의 출현으로 중단되고 곧 진흙 이미지와 연결되지만, 여기서 우리는 성에 이끌린 퀜틴의 마음을 볼 수 있다.

어린 시절 그가 잠시 경험한 이 성적인 욕망을 그는 캐디가 순결을 상실하던 그즈음 다시 만나게 된다. 누이의 변화를 가져온 육체적 욕망의 문제는 시간의 흐름과 더불어 사람에게 자연스레 찾아오는 것이다. 그러므로 퀜틴 역시 자기의 육체적 욕망과 만나게 된다. 캐디의 성적 성숙과 밀접하게 관련한 인동덩굴향은 캐디가 연인을 만나고 다니는 숲 속에만 있는 것이 아니라 그가 짐자는 방, 그리고 그가 갇혀 있다고 느끼는 동굴 속으로 스며들어 오는 것이다. 그런데 퀜틴은 자신의 성적 욕망에 대해서도 캐디의 경우와 마찬가지로 거부감과 현기증을 느낀다. 성적 욕망을 죄스럽고 불결한 것으로 보는 퓨리턴적 사고를 내면화하고 있는 그에게 자신의 성적 욕망은 당혹스럽다. 그에게 있어 인동덩굴향은 벤지에게 있어 거울의 의미와 정반대의 의미를 띠는 것이다. 벤지의 거울이 벤지에게 "모든 갈등을 잠재우는 변함없는 피난처(refuse unfailing in which conflict tempered silenced reconciled)"(279)였다면 퀜틴에게 있어 인동덩굴향은 '밤(night)'과 '동요(unrest)'를 상징한다. 그는 육체적 욕망을 환기시키는 그 향기 때문에 잠든 것도 깬 것도 아닌 상태에서 모든 휴식을 상실했다고 토로한다.

퀜틴은 한편으로는 성에 대해 이끌리면서 다른 한편으로는 성을 위험하고 불길한 것으로 구성하고 마음속에서 격심한 동요를 겪는 것이다. 그런 의미에서 누이의 순결 상실 사건은 그에게 이 모든 내적인 동요와 공포가 현실의 모습으로 나타난 것으로 해석될 수 있다. 캐디의 순결 상실 사건은 성에 대한 이끌림과 죄의식, 흑인에 대한 성적 공포, 더럽혀진 구남부 세계의 악몽을 그에게 가져다 준 것이다.

퀜틴은 성욕이 함축하는 이런 의미들을 직면할 용기가 없다. 그러므로 그는 누이의 순결 상실을 인정하지 않는 태도를 취한다. 그는 누이가 스스로 순결을 던진 것이 아니라 외부인에 의해 강제로 뺏긴 것으로 구성한다. 그가 누이의 상대방에게 결투를 신청하는 것은 그래서이다. 그의 결투는 누이를 포함한 모든 여성들의 명예를 지키고 더 나아가 남부의 명예를 지키는 의미를 띠고 있다. 말하자면 그는 '여자들은 결코 창녀가 아니라는 것,' '남부는 더럽혀지지 않았다는 것'을 입증해 보이고자 하는 것이다.

그러나 퀜틴은 패배하고 만다. 그가 패배하는 이유는 일차적으로 그가 이들 강한 남성에 비해 유약하기 때문이지만,[20] 그보다는 그가 악당으로 구성하는 상대편 남성들의 시각을 그 역시 공유하기 때문이다. 캐디의 진심이 담긴 열정적인 사랑의 대상이 '여자들은 죄다 창녀들이야'라고 하는 말을 들을 때 독자들은 그 사람이 캐디의 사랑을 받을 자격이 없다는 것을 깨닫게 되고, 퀜틴 역시 그 말을 듣고 마찬가지의 모욕감을 느낀 듯이 보인다. 그러나 그는 순결한 처녀/더러운 창녀의 이분법 속에서 여자를 보기 때문에 순결을 잃은 누이를 창녀로 본다. 결투를 말리려고 하는 캐디를 뿌리칠 때 퀜틴은 누이를 '창녀'라고 부르는 것이다. 그가 외부에서 지키고자 한 여성의 명예는 기실 내부에서 이미 더럽혀져 있는 상태인 것이다. 그러므로 그는 지킬 가치가 없는 것을 지키기 위해 싸운 것이고, 그런 의미에서 그의 결투는 "어린 아이도 다 아는 속임수"(289)에 불과한 것이다. 그가 결투에 지고도 그 패배가 그를 궁극적인 절망에 빠뜨리지 않는 것도 그 때문이다. 그는 상대편 악당에 대해 진정으로 적의와 분노를 느끼고 있는 것은 아닌 것이다. 그의 분노는 오히려 캐디를 향한다.

퀜틴에게 있어 캐디의 순결 상실은 타락을 의미하고 더 나아가 구남부의 이상적인 가치의 몰락을 의미하므로 그것은 큰 상처로 경험될 수밖에 없는 것이다. 그의 이 상처에 대해 아버지는 여성혐오적인 시각으로 처방을 한다. 아버지에 의하면 퀜틴이 그렇게 집착하는 순결이라는 것도 남자들에 만들어진 허구에 불과하다.

---

20) 퀜틴은 남성성을 상징하는 말타기, 결투, 칼에 능하지 못한 것으로 나온다. 그리고 그가 순결하다는 것 역시 그의 유약함을 드러낸다. 그의 유약함은 달톤 에임즈와 제럴드 블랑의 남성적인 힘, 강건한 육체, 여성 편력과 대조를 이루고 있다.

순결을 만든 이는 "남자지 여자가 아니란다"라고 그가 말하였다.

He said it was men invented virginity not women(157).

"그건 말에 불과해요"라고 내가 말했다. 그러자 "순결도 말에 불과하단다"라고 그가 말하였다.

I said That's just words and he said So is virginity(193).

아버지의 이런 시각은 얼핏 보기에 여성에게만 강요되던 순결의 족쇄를 풀어주는 진보적인 사고를 지닌 것처럼 보인다. 하지만 그의 말 배후에는 여성에 대한 매우 냉소적이고 혐오적인 시각이 도사리고 있다. 순결이 허구라는 것을 알 수 있는 증거는, 아버지 콤슨씨가 보기에 여성이 원래 순결하지 않고 더럽고 악하게 태어났다는 것이다. 아버지는 시종일관 여성을 '악,' '더러움,' '불순함,' '자연'과 연결시켜 바라본다. 여성의 생리를 "달마다 주기적으로 일어나는 오물(periodical filth between moons balanced)"(226) 내지 "둥둥 떠다니는 익사한 존재의 끈끈한 부패물(liquid putrefaction like drowned things floating)"(226)이라고 본다든가, 여성이 악에 대한 친화력을 타고났다는 등의 발언은 아버지가 지닌 여성혐오적 시각의 일면을 드러내는 말이다. 이런 논리로 볼 때 여자가 순결하다는 것이 오히려 자연 상태에 반대되는 것이 된다.

여성 일반에 대한 이런 혐오적인 시각을 견지하는 콤슨씨의 태도는 퀜틴의 시각과 정반대편에 있는 것으로 보여지기 쉽다. 말하자면 혐오와 냉소를 통해 거리를 두는 아버지의 태도는 이상주의적 시각에 강하게 몰입된 퀜틴의 태도와 다르게 보이는 것이다. 하지만 선드키스트의 지적처럼, 그것은 서로 동일한 태도의 양면이다(133). 그것은 '순결 상실' 혹은 '순결 상실'로 대변되는 '구남부 세계의 순수 상실'에 의해 입은 그들의 마음의 상처의 깊이를 드러내고, 그 상처로 인해 그들이 현실을 회피하고 있음을 나타내는 것이다. 그리고 그들이 회피하는 것은 다름 아니라 '구남부 세계'가 애초부터 그렇게 흠 없이 순수한 상태가 아니었다는 사실이다.

하지만 현실에 대한 퀜틴의 태도와 아버지의 태도가 완전 동일한 것은 아니다. 아버지가 구남부 이상의 몰락을 기정사실로 받아들이면서, 알코올과 책으로 도피하고 자신의 그런 도피의 태도를 결정론적 사고, 즉 '인간은 가혹한 운명의 노리갯감에 불과하다'는 사고를 통해 합리화한다면, 퀜틴은 끝까지 죽은 구남부의 가치에 매달린다. 물론 주변의 세상에 대해 날카롭게 관찰하는 퀜틴은 싱걸이 지적하듯, "자기가 고수하는 전통가치가 이미 낡은 것이고 그 가치에 대한 옹호가 돈키호테적이라는 것"을 안다(119). 우리는 그가 고수하는 남부 기사도 정체성과 현실의 유리를 이태리 소녀와 관련한 에피소드를 통해 읽을 수 있다. 자살하던 날 오후 그가 빵집에서 우연히 만난 어린 이태리 소녀가 자신을 따라오자 퀜틴은 길을 잃은 것이라 여기고 친절하게 집을 찾아주려 애쓴다. 빵 집 여주인이나 그곳의 주변 사람들은 그 어린 소녀를 '이민 온 못사는 외국인'이라는 경멸적 시각으로만 보는 데 반해, 퀜틴은 그 소녀를 '보호해야 할 어린 소녀'로 본다. 그래서 그는 '외국인을 멀리 하는 것이 좋을 것'이라는 빵집 주인의 경고에도 불구하고 소녀에게 빵을 주며 집을 찾아주려 애쓴다. 그러나 그의 고상한 의도는 '유괴'라는 사악한 의도로 오해받고 그는 급기야 '죄인'의 자리에 서게 된다. 이 일은 벤지와 하굣길의 소녀의 사건을 반향한다. 벤지의 경우와 마찬가지로 퀜틴의 이 에피소드도 자신의 의도 / 외부인의 해석 간의 괴리를 보여주며 이 괴리는 그가 외부와 소통되지 않고 있다는 것, 그의 자아상이 외부 세계에서 유효하지 않다는 것을 나타낸다. 멈추지 못하고 신경질적으로 터져 나오는 그의 웃음은 그 괴리에 대한 그의 절망적인 인식, 그리고 돈키호테적인 자신에 대한 조소의 표현에 다름 아니다.

하지만 그에겐 남부의 기사도 정체성을 대체할 새로운 자아상이 없다. 말하자면 자신이 동일시해서 들어갈 아버지의 세계가 없는 것이다. 근친상간에 대한 그의 욕망은 바로 그의 이런 절망에서 비롯된 것이다. 존 오르(John Orr) 역시 그의 근친상간적 욕망이 구남부 세계의 실패와 닿아 있음을 언급하고 있다. 그에 의하면 퀜틴은 "자신이 존중하는 가치인 명예, 부성주의, 영광의 가치를 지탱할 수 없자," "근친상간으로 향하게 된다"는 것이다(98). 이렇게 볼 때 근친상간적 욕망은 아버지 세계의 실패에 대한 그의 반항을 의미한다고 할 수 있다.

주지하다시피 근친상간적 욕망은 아버지의 법이 금지하는 위험한 욕망이다. 그가 근친상간의 금기된 욕망으로 들어간다는 것은 자신의 정체성을 해체하는 행위에 다름 아니다. 그런 의미에서 근친상간적 욕망은 자살 행위와 통한다. 근친상간을 통해 그가 확보하고자 하는 공간은 '요란하고 시끄러운 세상'과 분리되는 공간, 캐디와 자신만의 절대적인 관계가 유지될 수 있는 공간이다.

만약 내가 우리가 했다고 말씀드리면 그것은 그럴 테니까요. 그러면 다른 사람들은 아니게 되죠. 그러면 세상은 소리치며 사라질 테니까요.

But if i could tell you we did it would have been so and then others wouldn't so and then the world would roar away ⋯⋯ (288)

그런 의미에서 그것은 아버지 세계로부터의 퇴행을 통한 거부 행위라고 할 수 있다. 그런데 다른 한편으로 퀜틴은 근친상간이라는 금기를 통해 '처벌'을 기대하고 그 '처벌'을 통해 캐디의 더러운 상태를 순결한 상태로 정화시키고자 하는 마음을 가지고 있다.

우리 둘은 죽은 것이라기보다 정화의 불꽃으로 가게 되겠지. 그러면 너는 오직 나만, 나만 옆에 두고 있을 것이고 그러면 저 정화의 불꽃 너머 예리한 고통과 공포 가운데 우리 둘만 있게 될 거야.

The clean flame the two of us more than dead
Then you will have only me then only me then the two of us
amid the pointing and the horror beyond the clean flame(211)

그는 근친상간을 통해 '정화'를 원하는 것이다. 사실 근친상간이라는 자체는 선더키스트가 지적하듯이 '성적 합일'을 함축하고 있는데 반해, 퀜틴은 근친상간을 통해 '순수'의 상태, '정화'의 상태를 바라는 역설적인 상황에 빠져 있는 것이다. 그가 순수의 상태를 바란다는 것은 곧 구남부의 순수 상태에 대한 그의 집착을 나타낸다. 그

는 회복될 수 없는 아버지 세계를 회복시키고자 하는 것이다.[21]

　이렇게 볼 때 그는 서로 양립될 수 없는 두 가지 욕망, 즉 어머니와의 합일을 원하는 마음과 아버지 세계의 복귀를 원하는 마음에 시달리고 있는 셈이 된다. 그는 '성적인 결합'을 의미하는 근친상간을 통해 '성적 순수'를 추구하는 것이다. 그런 의미에서 그의 딜레마는 해결될 수 없다. 그가 죽을 수밖에 없는 이유가 여기에 있다.

　이상에서 살펴보았듯이 퀜틴의 딜레마는 현실 속에서 주체 위치를 세울 수 없는 것에서 기인하고 그것은 바로 아버지 세계의 실패와 닿아 있는 것이다. 누이의 순결 상실은 바로 구남부 세계의 몰락을 상징적으로 드러내는 사건인 것이다.

C. 제이슨: 신남부 가치 수용의 운명

　장남인 퀜틴이 이미 죽은 가치인 구남부 가치의 수인으로서 죽음으로 하강한다면 차남인 제이슨은 구남부 가치의 죽음을 기정사실로 받아들이고 새로운 가치인 신남부의 물질주의적 가치를 자기의 가치로 적극 수용하는 인물이다. 퀜틴이 자살한 1910년과 제이슨의 오늘

---

21) 칼 젠더도 퀜틴의 근친상간적 욕망은 현대에 있어서 콤슨가의 몰락과 남부의 몰락을 거부하는 방식일 수 있다고 지적한다. Karl F. Zender. "Faulkner and the Politics of Incest," *American Literature*. vol.70 no.4 Dec. p.747.

을 이루는 1928년 사이의 18년은 구남부의 몰락이 더욱 진행된 시기이다. 이 시기에 구남부의 이상주의적 열망이 신남부의 상업주의적 가치로 대체된 정도가 더욱 심했다. 상업 자본의 힘이 가장 강조된 시기가 이 시기였다.

제이슨은 이런 변화한 현실 속에서 살아남기에 가장 적합한 인물인 것처럼 제시된다. 어릴 적부터 그가 돈을 사랑하고 돈을 움켜쥐는 성향을 지닌 것으로 묘사되기 때문에 그의 물질주의적 가치는 그의 타고난 본성의 발로인 것처럼 보인다. 형제들의 기억 속에서 그는 돈을 움켜쥐느라고 주머니에 손을 빼지 않는 모습을 하고 있고, 어린 나이에 벌써 옆집 아이와 동업해서 연을 파는 거래를 하는 모습으로 제시되는 것이다.

하지만 돈과 물질에 집착하는 그의 태도는 그의 타고난 기질의 반영이 아니다. 그것은 그의 가문의 몰락이라는 비극적 현실과 관계있다. 그에게 있어 조상으로 대변되는 구남부의 영광스러운 과거는 추상적인 것이며 현재의 비참한 상황을 부각시켜 줄 뿐이다. 그리고 변화한 현실에 적응하지 못하고 알코올 중독으로 도피해 살아가면서 가산을 탕진한 아버지는 자신에게 부모로서 마땅한 애정과 보호를 베풀지 못한 존재였다. 그러므로 아버지의 존재는 그에게 심리적 상처를 주고 그는 아버지를 원망할 수밖에 없다. 아버지가 가장으로서의 책임 있는 모습을 하지 못하고 밤에 몰래 지하실에 내려가 셔츠만 입은 채 맨다리를 드러내고 술병을 따던 모습, 퀜틴에게는 땅을 팔아서까지 대학 교육을 시키면서 자신에게는 그런 지지를 하지 않은 것이 제이슨에겐 상처로 남아 있다. 뿐 아니라 장남인 퀜틴의 자살과 캐디의 혼외 임신과 이혼, 백치인 남동생의 존재는 그에게 자기 가문에 대한 수치심을 불러일으킨다. 그로서는 가족에 대해 긍지와 애정을 느낄 단 한 가지도 지니지 못한 셈이다.

내 말하지만 이 가족에는 긍지를 느낄 구석이라곤 거의 없다는 것은 모두 다 아는 일이야.

I says God knows there's little enough room for pride in this family(349).

그들 중 한 명은 미쳤고 다른 한 명은 제 스스로 물에 빠져 죽었고 또 다른 한 명은 자기 남편에 의해 길거리에 내동댕이쳐졌으니 …… 그들이 날 매처럼 지켜보면서 그래 온 가족이 다 미쳤다는 것을 늘 기대해도 하나도 놀라울 건 없어라고 말할 기회만 기다리고 있다는 걸 난 알 수 있어.

One of them crazy and another one drowned himself and the other one was turned out into the street by her husband …… All the time I could see them waiting me like a hawk, waiting for a chance to say Well I'm not surprised I expected it all the time the whole family's crazy(p.364).

내겐 긍지가 많지 않아. 부엌에는 먹여 살려야 할 깜둥이들이 득실대고 주립 정신병원으로부터 유명할 신입생을 빼앗는 상황에서 긍지를 가질 순 없어. 내가 말하지만, 혈통과 주지사들과 장군들이라고. 우리한테 왕이나 대통령이 없었다는 게 큰 다행이지 뭐야; 그러면 우린 정신병원에서 나비나 쫓으며 있을 걸.

I haven't got much pride, I can't afford it with a kitchen full of niggers to feed and robbing the state asylum of its star freshman. Blood, I says, governors and generals. It's a damn good thing we never had any kings and presidents; we'd all be down there at Jackson chasing butterflies(360).

위 인용문들이 잘 보여주고 있듯이 그에게 있어 가족은 곧 수치와 부담을 의미한다. '주지사와 장군' 조상들에 대해 자부심과 긍지를 가지고 그들의 말에 귀 기울이며 언제나 그들이 옳았다고 생각했던 퀜틴과 대조적으로 제이슨은 선조의 세계에 철저히 눈을 감고 그들의 가치를 부인한다. '더 높은 선조가 있으면 어쩔 뻔 했냐'는 식의 조소어린 말은 과거 가치에 대한 그의 무시와 경멸을 나타낸다. 그리고 현재의 가족은 빈둥대며 밥만 축내는 흑인이나 오래되어서 시건방진 흑인과 정신 병원에나 보내어야 할 백치 동생, 병자인 어머니, 그리고 방종한 조카들로 구성되어 있어서 그로서는 가족에 대한 애정이 털끝만큼도 없다. 가족은 그에게 양육의 부담과 그나마 얼마 남지 않은 깨끗한 이름(어머니와 자신의 이름)을 더럽힐 위협을 주는 것에 불과하다. 마을 사람들이 '매'처럼 날카로운 눈으로 자기 가족의 불행을 지켜보고 있다는 의식 때문에 그의 마음은 늘 편치 않다. 그의 마음의 불안과 초조, 분노는 그의 두통으로 표현된다.

귀족 가문의 혜택을 거의 받지 못하고 자란 제이슨으로서는 수치와 부담만 떠맡는 자신의 처지가 분통터지는 것이기도 하다. 그런 의미에서 그가 가족들을 향해 퍼붓는 원망과 분통은 그가 놓인 힘든 상황의 결과이다. 어머니를 비롯하여 마을 사람들도 그가 집안의 몰락의 피해자라는 것을 잘 알고 있고 이에 대한 연민과 안타까움을 그에 대해 어느 정도 가지고 있다.

따라서 그가 구남부의 가치를 부인하고 신남부의 가치를 추구하는 것은 그의 가족의 붕괴와 더 나아가 귀족적인 구남부 세계의 붕괴에서 살아남기 위한 그의 선택적 행동이다. 돈에 대한 집착과 자기만 아는 이기주의는 가족의 몰락 속에서 박탈과 부담만 안게 된 그가 택한 생존의 방식인 것이다. 그런 의미에서 볼 때 그는 타고난 악인이라기보다 사회의 산물이다.

그에게 있어 돈은 존 오르의 지적처럼 "가족의 공허에서 그를 구하는 명확한 존재"(102)이다. 돈은 그에게 잃었던 기회를 상쇄시켜 주고 사회에서 자기 자리를 마련할 수 있게 해준다. 그리고 무엇보다 돈은 그에게 '힘'의 개념과 연결되어 있는 어떤 것이다. 양식을 벌어 가족들을 부양하는 자라는 그의 위치는 가족들 위에 폭군처럼 군림할 수 있는 권력을 그에게 부여한다.

"적어도 난 그 양식 통을 채울 만한 사람이지."

"At least I'm man enough to keep that flour barrel full," I says(331).

그리고 돈은 그로 하여금 '성'을 살 수 있게 해준다. 그런 의미에서 남성으로서의 그의 힘과 능력은 돈과 연결되어 있다. 뿐 아니라 돈은 가족이 그에게 주지 못하는 안정감과 만족감을 주는 토대이다.

그가 돈을 모으려고 애쓰고 모든 것을 돈 중심으로 사고하는 것은 돈이 가진 이런 위력 때문이다. 그는 읍내에 있는 소상점에서 일하는 한편 주식 투자를 통해 돈을 모으려 애쓰고, 그 외에도 캐디가 딸 퀜틴의 양육비 명목으로 부쳐오는 돈을 자기 주머니에 챙겨 넣는다. 돈을 벌기 위해 하루 종일 가게에 매어 있으면서 틈틈이 주식시장 상황을 체크하는 그의 모습은 현대를 살아가는 쁘띠 부르주아의 초상이다. 그리고 현재의 시간에 강박되어 있는 그의 모습은 시간이 곧 돈인 현실의 반영이다.

그의 돈 중심적 사고는 주변 세계를 바라보는 그의 모든 방식에 반영되어 있다. 그는 주변의 사물이나 사람을 이윤 중심적으로만 바라본다. 아버지 장례식 때 캐디가 가져온 꽃을 보고 꽃값을 가늠해 본다거나, 농민들이 서커스로부터 얻을 수 있는 마음의 휴식은 전혀 고려하지 않고 서커스가 농민들로부터 벌어들일 돈만 계산하는 것, 광장의 비둘기를 청소하는 데 드는 비용 때문에 자신이 내어야 할 세금을 생각하는 것, 그리고 성가신 참새를 죽이는 데 드는 최소한의 비용을 따져보는 것 등은 그의 이윤 중심적 사고와 그 사고의 황폐성을 드러낸다.

돈 중심의 사고는 그의 공적인 관계는 물론이고 사적인 관계에도 깊이 작용하여 사적인 친밀한 관계를 맺지 못하게 하는 힘으로 작용한다. 그에게 가족 개념이 없는 것은 일차적으로 자기 가족사가 지니고 있는 수치와 불명예 때문이지만, 다른 한편으로 애정을 베풀 수 없는 그의 정서적 황폐함의 산물이기도 하다. 그는 어릴 적부터 그를 편애해 온 어머니와도 인간적인 관계를 맺지 못하는 것으로 나온다. 그는 어머니의 자존심과 허영을 이용해서 캐디가 부쳐오는 돈을 가로챌 뿐 아니라, 그 돈 상자가 들어있는 그의 방에 어머니가 들어오는 것을 결코 허용하지 않는다. 그는 심지어 어머니가 들고 있는 집안 전체의 열쇠를 의식해서 열쇠를 따로 바꿔 만들 정도로 철저하게 자기 방을 폐쇄한다. 이처럼 돈에 관한 한 그는 철저하게 타인을 배제시킨다. 그리고 그가 배제하는 이 타인에 어머니도 예외가 아닌 것이다. 그의 가족의 구성원에 속하는 흑인에 대한 그의 시각 역시 마찬가지이다. 그는 그들을 오직 피부양자, 양식을 축내는 자들로만 본다. 그는 가족 구성원들을 애정과 정서를 나누는 존재로 보지 못하는 것이다. 돈은 타인은 물론이고 가족 그 누구와도 인간적인 관계를 맺지 못하게 하는 힘으로 작용하고 있다.

이와 같은 돈 중심적 사고와 이기주의 때문에 제이슨을 퀜틴과 매우 대조적인 인물로 보기 쉽다. 제이슨은 신남부적 가치를 대변하는 인물로, 그리고 퀜틴은 구남부의 이상주의적 가치를 대변하는 인물로 여기기 쉬운 것이다. 『소리와 분노』의 부록에서 포크너가 말한 다음과 같은 말은 이런 시각을 뒷받침하는 증거로 받아들여졌다.

컬로덴 이래 콤슨가에서 최초로 제정신을 지닌 사람.

The first sane Compson since before Culloden(716).

스놉스가 사람들과 겨루어 자기 자리를 차지할 수 있는 사람.

······ competed with and held his own with the Snopeses(716).

하지만 제이슨은 밑바닥에서 신분 상승한 플렘 스놉스와 결코 경쟁 상대가 되지 못할 뿐 아니라 그와는 다르다. 그는 플렘 스놉스가 지닌 야심과 외골수의 집념을 지니고 있지 않다. 그는 칼티그너가 지적하는 것처럼, 현실을 성공이라는 자기의 특수 목적에 맞추고 이용하기에는 너무나 감정적이다(33). 그는 야망이 있는 사업가라면 필수적으로 갖추어야 냉정한 계산과 돈 다루는 능력이 부족하다. 그는 투자를 할 때도 주식 시장의 메커니즘을 신중하게 고려해서 하지 못하고 돈으로 사람을 사서 정보를 얻는 방식으로 하며, 그나마 사람에 대한 신뢰를 지니고 있지 못하다. 그리고 그가 돈을 15년간 방안 상자에 쌓아두는 것은 자본주의 이전 단계의 재산 축적 방식을 상기시킨다. 그렇기 때문에 그는 살아남기는 하지만 재산을 모으지는 못한다. 이런 면에서 제이슨을 신남부의 가치를 전적으로 대변하는 인물로 보기는 힘들다. 그가 현대 기계 문명을 상징하는 자동차를 몰고 다니면서도 가솔린 냄새에 거부 반응을 보인다는 것은 현대 자본주의 사회에 그가 석립힌 인물이 아님을 상징적으로 보여준다고 하겠다.

제이슨이 신남부적 가치와 자신을 일치시키지 못한다는 점은 아버지 콤슨씨와 퀜틴과 그의 유사성을 통해서도 강조되고 있다. 그는 아버지 모델을 부인하고 아버지와 다른 존재, 즉, '술을 마시지 않고 제정신을 지니고 사는 존재,' '가족을 부양하는 강한 아버지'가 되기를 원하나 그 역시 아버지처럼 실패하고 마는 것이다. 그는 아버지와 자기 가문을 싫어하고 무시하지만, 그럼에도 불구하고 그 역시 콤슨가의 기질과 유산을 물려받았다. 그의 비관주의와 냉소주의와 패배의식은 아버지로부터 받은 유산에 다름 아니다. 뿐 아니라 여성에 대한 혐오적 시각이나 흑인에 대한 인종차별적 시각은 아버지와 퀜틴의 시각과 통한다. 다만 그의 경우 아버지와 퀜틴에 비해 좌절감과 박탈감의 정도가 더 크게 느껴지기 때문에 여성이나 흑인에 대한 경멸과 혐오가 더 가혹한 형태로 드러나며, 그것이 자신을 제외한 다른 모든 외부인에 대한 거부감으로 확대되고 있는 점이 다를 뿐이다.

흑인과 관련해서 제이슨은 퀜틴과 마찬가지로 백인주인 / 흑인하인의 위계질서 속에서 흑인을 바라본다. 그렇기 때문에 그는 우월한 자의 입장에서 경멸적으로 흑인을 바라보며, 흑인들을 유형적으로 대하지 고유한 개성을 가진 개별적 존재로 흑인을 보지 않는다. 그가 생각하는 흑인들은 두 가지 유형이다. 자기 집에서 일했던 로스커스나 얼(Earl)의 가게에서 일하는 욥 노인(Old Job)처럼 묵묵히 끈기 있게 일하는 흑인과, 자기 집 부엌에서 빈둥댄다고 그가 생각하는 무가치한 흑인들이 바로 그것이다. 이 두 유형의 흑인들에 대한 생각은 백인들이 흑인들에 대해 가지고 있는 전형적인 시각을 드러낸다. 이 두 유형 중 제이슨은 물론 욥 노인 같은 흑인을 선호한다. 늘 그의 머리를 지끈거리게 하는 두통이 욥 노인이 일하는 뒤뜰에서 멈추는 것과, 그의 분노가 욥 노인만은 피해간다는 점이 이를 반증한다. 반면 집에 있는 하인들은 그에게 계속적인 불만과 분노를 야기한다. 제이슨은 자기가 힘들게 번 양식을 축내는 존재로만 그들을 보기 때문에 그들의 수가 언제나 너무 많게 느껴진다. 그래서 따뜻한 부성을 가지고 흑인에게 무엇인가 베풀고 싶어 했던 퀜틴과 달리 제이슨은 늘 흑인들을 제거하고 싶어 한다. 딜지조차 제이슨이 제거하고 싶은 대상에서 예외가 못된다. 딜지는 자신을 버리고 헌신적으로 일한다는 점에서 욥 노인이나 로스커스 못지않게 충실한 흑인임에도 불구하고 제이슨은 그녀를 싫어한다. 집안의 부재하는 모성을 대신해 제이슨 자신을 비롯한 형제들을 돌보았고, 현재 벤지와 퀜틴양을 돌보는 딜지에 대해 제이슨은 조금도 고마워하는 기색이 없다. 그가 그녀를 싫어하는 이유는 그의 생각에 그녀가 흑인의 위치를 주제넘게 넘어서고, 마치 자기가 집을 경영하는 것처럼 굴기 때문이다. 딜지가 흑인의 위치를 넘어선다고 제이슨이 느끼는 이유는 자신의 결함과 잘못을 유일하게 지적하고 비난하는 이가 딜지이기 때문이다.

외국인에 대한 제이슨의 태도 역시 흑인들이나 여성들에 대한 태도 못지않게 적대적이다. 퀜틴 장에서 이태리 소녀와 관련한 에피소드에서 외국 이주민들에 대한 배타적, 경멸적 시선이 주변 인물들에 의해 잠시 표현된 바 있지만, 제이슨 장은 이런 배타적 시각을 더욱 노골적으로 드러낸다. 제이슨의 의식에는 미국인 / 미국인 아닌 사람들의 이분법이 확고하게 있으면서 미국인이 아닌 자들을 불신하고 미워한다. 그가 그들을 미워하는 이유는, 그들이 남의 나라 땅에 와서 자기 같은 시골사람들을 속여 돈을 모은다고 생각하기 때문이다.

하나님이 정해준 곳에 못살고 이곳에 와서 미국인들의 호주머니에
서 돈을 **빼앗아**가는 이 망할 놈의 외국인들

　　…… any damn foreigner that cant make a living in the country
where Got put him, can come to this one and take money right out
of an American's pockets(310).

흑인, 유태인같이 타자의 위치에 놓인 존재들이 그의 경멸과 분노
의 표적이 되는 인물들이지만, 그중에서도 특히 여성은 그에게 가장
분노를 크게 유발시키는 존재다. 그 이유는 그에게 있어 자기의 계
획을 무너뜨리는 가장 위협적인 존재가 여성이기 때문이다. 그리고
그가 여성과 관련해 특히 두려워하는 것은 여성의 성욕이다. 이 점
에서 그의 딜레마는 퀜틴의 딜레마를 상기시킨다.

제이슨의 장에서 돈 이외에 그의 의식을 붙들고 있는 것은 조카
인 퀜틴의 성적 욕망이다. 퀜틴이 캐디의 성적 표출을 못 견뎌한 것
처럼, 제이슨도 조카인 퀜틴의 성적 행동을 못 견딘다. 그러므로 그
의 하루 일과에서 매우 중요한 부분을 차지하는 것이 나돌아 다니는
조카 퀜틴을 통제하는 일이다. 제이슨이 조카 퀜틴을 쫓아다니는 움
직임은 퀜틴이 캐디를 제재하는 움직임과 여러 면에서 평행을 이룬다.

우선 제이슨이 통제하려고 애쓰는 조카 퀜틴의 나이는 캐디가 순
결을 잃을 무렵인 17살이다. 그리고 퀜틴이 순결한 여자 / 더러운 창
녀의 이분법으로 여성을 보듯이 제이슨도 신실한 기독교 여성 / 창녀
의 이분법으로 여성을 본다. 퀜틴이 캐디를 순결한 여성으로 구성하
려고 애쓴 배후에는 성욕을 더럽고 죄악으로 보는 시각과 가문의 명

예를 지키고자 하는 의식이 있었던 것과 마찬가지로, 제이슨이 조카 퀜틴을 집안으로 통제하려 애쓰는 배후에는 여성의 성욕을 경멸적으로 보는 시각과 어머니와 자신의 이름을 더럽히지 않으려는 마음이 있다. 따라서 그의 의식에는 조카 퀜틴의 난잡한 행동이 어머니와 자신을 욕되게 하지 않을까 하는 두려움이 늘 존재한다. 퀜틴과 제이슨이 다른 점이 있다면, 퀜틴이 순결을 잃은 누이를 '창녀'로 보는 시각을 마음에 감추고 있으면서 그것을 부인하려고 필사적으로 애쓰는 반면, 제이슨은 캐디와 조카 퀜틴을 드러내 놓고 '창녀'로 간주한다는 점이다. 이런 점에서 여성을 보는 그들의 시각은 정도의 차이이지 본질의 차이는 아니다. 구체적으로 퀜틴이 캐디를 비난하는 대목과 제이슨이 조카 퀜틴을 비난하는 대목이 매우 유사하다. 퀜틴처럼 제이슨도 나돌아 다니며 자유분방한 조카 퀜틴을 '흑인 여자'에 비유하며 상대방들을 '마을의 놈팡이들'이라고 비난하는 것, 그리고 '숲'을 성욕 표출의 장소로 여기는 것 등에서 그들의 유사한 생각을 읽을 수 있다. 다만 캐디에 비해 조카 퀜틴의 행동이 더 악화된 것으로 나오고 제이슨의 비난의 강도가 더 센 것이 다를 뿐이다. 캐디의 성적 성숙이 향수를 바른 모습으로 나타났다면, 조카 퀜틴의 성적 성숙은 경박한 빨간 입술, 흐트러진 옷매무새 등으로 표현되고 있으며 '숲'뿐 아니라 밝은 대낮의 '길거리'와 '도랑'에서 남자와 붙어 다니는 것으로 나타난다. 그리고 상대방 남자가 캐디에 비해 너욱 신뢰가 가지 않는 인물인 '서커스 단원'으로 나오고 있다.

　여성의 성욕을 통제하는 그들의 방식 역시 매우 비슷한 양상을 띠고 있다. 폭력을 통한 방법이 바로 그것이다. 조카 퀜틴의 성적 행동이 캐디보다 한 걸음 더 나아간 것과 비례해서 제이슨의 폭력의 정도가 더욱 과격한 형태로 나타나고 있을 뿐이다. 퀜틴은 뺨을 때리거나 손목을 비틀거나 혹은 칼로 위협함으로써 캐디의 행동을 저지하려 했지만 칼과 같은 과격한 도구의 사용에는 실패했다. 반면 제이슨은 언어적으로도 매우 폭력적일 뿐 아니라 육체적 폭력을 행사하는데도 가차 없다. 이는 한편으로는 오빠인 퀜틴의 위치와 달리 제이슨이 집안을 부양하는 가부장의 위치에 있다는 사실을 반영하고, 다른 한편으로는 퀜틴과 대조적으로 남에 대한 배려가 없는 가혹한 제이슨의 성격을 반영하기도 한다.

조카 퀜틴에 대한 제이슨의 이런 폭군적 태도는 조카 퀜틴의 일탈적 행동이 그가 생각하듯 그녀 자신의 타고난 창녀 기질 때문이 아님을 알려주도록 기능한다.

> 내가 뭘 하든 그건 삼촌 잘못이에요. …… 내가 나쁘다면 그건 어쩔 수 없어서 그런 거예요. 삼촌이 날 그렇게 만들었어요. 난 죽어버렸으면 좋겠어. 우리 모두 다 죽어버렸으면 좋겠다고요.

> Whatever I do, it's your fault …… If I'm bad, it's because I had to be. You made me, I wish I was dead. I wish we were all dead(400).

자신의 잘못이 삼촌의 가혹한 처사 때문임을 항변하고 있는 조카 퀜틴의 이 말은 콤슨 부인과 딜지뿐 아니라 마을 사람들로부터도 공감을 얻지만, 제이슨에게는 아무런 호소력을 발휘하지 못한다. 제이슨은 자신의 박탈감, 상처만 크게 느낄 뿐 다른 사람의 고통에는 전혀 둔감하기 때문이다. 퀜틴이 자기 상처에 집착하여 캐디의 고통을 못 보았듯이 제이슨 역시 조카 퀜틴의 고통에 무감한 것이다. 제이슨은 조카 퀜틴을 인격을 지닌 아이, 보호를 필요로 하는 아이로서 보지 못하고 그저 자기 직업을 잃게 한 존재이자 집안의 수치(캐디의 사생아 딸로서의 그녀)를 상징하는 동시에 또 다른 수치(창녀로서의 그녀)를 가져다 줄 위협이 있는 존재로 볼 뿐이다. 그리하여 그가 조카 퀜틴을 집 밖으로 내 몬 것임에도 불구하고 조카 퀜틴의 행동을 캐디에게서 물려받은 '창녀 피' 탓으로 돌린다. 그리고 캐디와 조카 퀜틴의 돈을 갈취하는 것은 자신이면서도 그녀들이 자신을 속인다고 비난한다.

제이슨은 자신이 창녀라고 여기는 캐디와 조카 퀜틴 뿐 아니라 어머니 역시 부정적인 시선으로 바라본다. 어릴 적부터 어머니의 편애를 받아왔고, 신실한 귀부인인 어머니의 위치를 존중하는 마음이 있지만 그도 퀜틴의 경우와 같이 어머니를 원망하는 마음이 있다. 그가 어머니를 싫어하는 이유는 집안일에 무능하고 또 부양의 대상이 되기 때문이다. 그가 어머니의 무능과 관련하여 제일 비난하는 일은 조카 퀜틴을 제대로 통제하지 못하는 점이다. 어머니는 손녀 퀜틴이 학교를 빼먹고 낮이나 밤에 돌아다니는 것을 통제할 필요성을 느끼면서도 통제하지 못하고 그러면서 정작 세이는 자신에게 그 일을 완전히 일임하지 않는데 제이슨은 이것이 내내 못마땅하다. 혈육의 정을 강조하면서 눈물과 병약함, 곧 죽을 존재라는 것에 의지해 자기 뜻을 꺾는 어머니가 제이슨은 못마땅한 것이다. 조카 퀜틴을 둘러싸고 그와 어머니 간에 보여지는 차이는 가족에 대한 시각의 차이 때문에 일어난다. 어머니는 가족의 결속감과 가족에 대한 의무감이라는 전통 가치를 고수하는 반면, 제이슨은 가족의 가치를 전혀 인정하지 않고 있다. 그래서 어머니는 손녀 퀜틴이 못마땅하면서도 온정적인 시각을 유지하는 반면 제이슨은 그녀를 완전히 창녀로만 구성하고 가혹하게 대하는 것이다.

제이슨은 이처럼 여성에 대해 부정적인 시각을 가지고 있으므로 다른 여성과 정상적인 관계를 맺지 못한다. 그는 결혼을 해서 가족을 이룰 의사가 전혀 없다. 그가 멤피스의 창부인 로레인을 정부로 둔 것은 일반 여성에 대한 그의 혐오감을 드러내는 동시에 가족에 대한 필요성을 인정하지 않는 그의 태도를 나타낸다.

그가 타자들에 대해 이처럼 경멸적 시각을 지니는 것은 그가 인간혐오자이거나 사악하게 타고난 악인이어서가 아니다. 그것은 그의 주체 위치의 불안정과 그에 따른 박탈감, 열등감, 불안의식의 또 다른 표현이다. 열등한 타자를 미워하고 경멸하는 것은 일견 백인 남성 주체인 자신의 우월함에 대한 확신을 보여주는 것처럼 보인다. 하지만 그가 과시하는 그 우월감은 그의 내면의 열등감을 감추기 위한 방어기제이다. 제이슨은 블라이카스탄이 지적하듯, "경제적으로 만성적으로 좌절감에 빠져있던 불만투성이의 남부 백인들"을 대변하며, "설명할 수 없는 사회, 경제적 힘 앞에서 그들이 느낀 무력감"을 "외국인 혐오, 인종차별주의, 여성혐오"를 통해 표현하고 있는 것이다(121-3)

그의 방어심리는 이처럼 한편으로는 자신보다 못한 타자들을 향한 분노를 통해 표출되고, 다른 한편으로는 전체 우주에 대한 적대의식으로까지 확대된다. 이것은 조카 퀜틴이 그의 돈 3000달러를 훔치고 달아난 에피소드를 통해 드러난다. "온갖 수고와 위험을 무릅쓰고" 15년 간 그가 모은 돈 3000달러를 조카가 가지고 간 것을 알았을 때 그는 그 행위를 절도행위로 구성하고 경찰에 신고한다. 하지만 그의 이런 해석이 그 사회의 다른 사람들로부터 공감을 얻지 못한다는 것이 경찰의 반응을 통해 드러난다. 경찰은 제이슨이 조카 퀜틴을 내몰았다고 보고, 그가 잃어버렸다고 주장하는 3000달러가 누구에게 속한 것인지도 확실하지 않다고 보는데 경찰의 이런 시각은 타당성이 있다. 경찰의 해석처럼, 그가 잃어버린 돈이 퀜틴의 양육비로 온 것임을 감안할 때 퀜틴이 그 돈을 가져간 것은 범죄가 될 수 없고, 또 퀜틴을 나가도록 한 원인이 제이슨 자신의 가혹한 처사에 있다는 것을 고려할 때, 그의 불행은 그 스스로 자초한 면이 있는 것이다.

하지만 제이슨 자신으로서는 이 돈의 상실이 매우 뼈아픈 사건이다. 그에게 있어 3000달러의 상실은 잃었던 기회를 메우고 사회에서 자기 자리를 찾기 위한 그의 모든 노력을 무화시키는 의미를 지닌다. 그것은 돈을 통해 '권력과 힘'을 얻고자 했던 그를 '무력한 위치'에 두는 것을 의미하며, 따라서 그의 존재의 안정감을 일거에 무너뜨리는 역할을 한다. '돈'만이 전부였던 사람에게 '돈'을 상실하는 것은 곧 그의 전 세계를 상실하는 것이다. 이것은 '캐디'가 전부였던 벤지에게 '캐디'의 상실이 지녔던 의미와 같다.

잃은 돈을 회복하기 위한 제이슨의 노력은 잃은 순결을 회복하려는 퀜틴의 노력을 환기시킨다. 두 사람 다 상실을 인정하지 않으며 두 사람 다 실패한다는 의미에서 두 사람은 닮은꼴이다.

멀리 달아난 조카 퀜틴을 추적하는 제이슨의 태도는 자신에게 일어난 상실을 인정하지 않는 태도를 보여주는 동시에 벼랑 끝에서의 추락을 어떻게든 막아보려는 그의 안간힘을 반영한다. 그런데 그가 추적 과정에서 펼쳐 보이는 사고 과정과 감정은 자기 정당화, 피해의식, 패배의식과 같은 구남부의 사고 유산이다. 그의 자기 정당화는 상대방에 대한 강렬한 분노와 자신을 피해자, 희생자로 두는 태도로 드러난다. 그동안 조카 퀜틴에 대한 가해자요 폭군이었던 그가 여기서는 자신을 피해자, 희생자의 위치에 둔다[22]. 자신을 희생자의 위치에 둔 조카 퀜틴에 대한 그의 적대감은 매우 커서 퀜틴을 잡기 위해서라면 "신을 옥좌에서 끌어내리고 지옥과 천국의 전투 지역을 헤치고 싶을"(464) 정도이다. 그리고 그의 그 적대감은 단지 조카 퀜틴에게 국한되지 않는다. 그는 전 우주가 그를 모함하고 그를 파괴시키려고 하는 것으로 생각하는 것이다. 그는 자신의 의지/우주의 의지를 서로 적대적인 힘으로 가정하고 자신이 마치 전 우주를 상대로 홀로 싸움을 벌이는 듯한 착각에 빠져 있다. 그의 이 태도는 '인간을 운명의 노리개'로 보는 아버지의 태도를 연상시킨다. 제이슨이 아버지로부터 물려받은 것은 이뿐이 아니다. 제이슨은 '싸움에서 그 누구도 이겨본 적이 없다'고 하는 패배주의적인 태도도 아버지에게서 이어받은 것이다. 제이슨은 자기의 절대적 불리함을 미리 전제하

---

22) 그에게 있어 이 두 상반된 태도는 동전의 양면이다. 왜냐하면 조카 퀜틴에 대한 가혹한 태도는 '몰락의 희생자'라는 그의 의식에서 나온 것이기 때문이다.

고 자기의 패배를 거의 확신한다. 제이슨은 언제나 패배의 냄새를 맡고 있기 때문에, 자신이 처한 모든 상황을 실패의 전조로 본다. 가령 비가 올 듯 하다가 날이 개는 것도 우주의 계략처럼 느끼고, 장거리 여행에 대비해 멀미약과 두통약을 챙기지 않은 자신의 사소한 실수도 치명적인 불리함으로 느낀다. 무엇보다 '빨간 넥타이' 만이 상대방 남자를 알아 볼 수 있는 유일한 표시라는 사실이 거의 패배를 확신시켜주는 것처럼 느낀다.

그의 피해의식과 패배의식은 아버지의 경우에서와 마찬가지로 불행한 현실에서 배태된 의식이긴 하지만 동시에 자신의 문제를 직면하지 못하게 하는 도피 기제로 작용한다. 그런 태도는 자신의 절망과 분노를 정당화시킬 뿐 자신의 문제의 참 근원을 알지 못하게 하기 때문이다.

이처럼 주관적인 감정 속에서 현실을 제대로 보지 못하는 것이 그의 자아에게 더욱 파괴적인 영향을 끼칠 수 있다는 것을 우리는 서커스 노인과의 에피소드를 통해서 알 수 있다. 쇼단에 소속된 노인과의 에피소드는 여러 면에서 퀜틴과 제럴드 블랑과의 에피소드를 환기시킨다. 그들이 자아의 붕괴지점으로 나가기 전에 나오는 이 두 에피소드는 현실 속에서 그들의 패배를 확인시키는 기능을 한다. 퀜틴이 이미 존재하지 않는 캐디의 명예를 보호하고자 캐디와 아무 상관이 없는 제럴드를 공격했듯이, 제이슨도 이미 떠나고 없는 조카 퀜틴과 돈을 찾고자 그 일과 아무 상관이 없는 노인을 난데없이 공격한다. 그리고 퀜틴의 공격 대상이 퀜틴이 싸우기에 너무 강한 존재였듯이, 제이슨이 공격한 상대방도 노인치고는 강한 힘을 소유한 사람이었다. 또 퀜틴이 제럴드에게서 맞아 흘린 피에 대해 신경 쓰듯이, 제이슨도 자기 실수로 부딪힌 머리를 상대방에게 맞아 피 흘리는 것으로 착각하며, 싸움을 말려 준 서커스 단장에게 '내가 피 흘리는 것 아니냐고 계속 묻는다. 서커스 단장이 제이슨에게 그곳에 왜 왔느냐고 하면서 '자살하려 하느냐'고 하는 물음 역시 퀜틴의 자살을 연상시킨다. 이는 제이슨 역시 퀜틴과 마찬가지로 완전한 무기력의 상태에 놓임을 암시한다. 제이슨의 무력함은 두통과 멀미 때문에 차 뒤에 쭈그리고 앉은 모습으로 나타난다. 제이슨은 '마치 다 헤어진 양말처럼 보이지 않는 삶이 그 주변에 뒤엉켜 있어서' 앞으로든 뒤로든 갈 수 없는 상태에 놓인 것이다. 그는 퀜틴처럼 죽지는 않았지만, 그의 삶은 죽은 것이나 다름없는 무기력한 모습을 띨 것임이 암시된다.

이로써 다른 형제들의 운명과 같이 아버지 세계의 실패로 인한 그의 상실은 메워지기는커녕 그를 더욱 무력한 상태로 만들게 된다. 그가 느낀 이 무력감이 자기보다 열등한 자에 대한 분노로 표출되리라는 것을 우리는 마지막 장면에서 시사받을 수 있다. 그가 제퍼슨에 돌아왔을 때 가장 먼저 만나는 인물이 길에서 울부짖고 있는 백치 동생과 동생을 돌보는 흑인 하인이라는 것은 그의 분노의 주 대 대상이 백치 동생과 흑인일 것임을 암시한다.

그의 이러한 무력감의 상태는 아이 없는 독신자로 남는 그의 상태와 연결되어 콤슨가의 최종 절망 상태를 상징적으로 드러내는 기능을 한다. 콤슨가의 최종적인 생존자 중 한 명은 거세된 백치이고 다른 한 명은 거세되고 죽은 것이나 다름없이 무력한 존재라는 것은 역사적으로 남부를 지배해 온 콤슨 가문이 더 이상 지속될 수 없음을 드러내는 것이기 때문이다.

이상에서 『소리와 분노』에 나타난 부성 부재의 문제를 아들들의 곤경을 통해 살펴보았다. 콤슨가의 세 아들의 운명은 변화에 대한 부적응으로 요약될 수 있다. 콤슨가의 몰락을 가져온 변화는 구남부의 가치질서에서 신남부의 가치질서로의 변화를 의미한다. 이 변화는 그들이 싫든 좋든 간에 받아들일 수밖에 없는, 이미 진행된 역사의 흐름이다. 그리고 이 변화의 근본 원인이 위치하는 지점은 남북전쟁이다.

이 아들들에게 있어 역사의 변화는 상처와 상실로 경험되고 있다. 벤지와 퀜틴과 제이슨은 역사의 흐름을 나쁜 변화로 경험하고 그것에 대해 고통을 겪는 것이다. 나쁜 변화로 인한 그들의 고통은 벤지와 퀜틴의 경우는 울음과 절망적인 집착으로, 그리고 제이슨의 경우는 분노를 통해 표출된다.

그런데 이들의 의식 속에서 이 나쁜 변화는 캐디와 딸 퀜틴의 성적 타락으로 구현되어 있다. 캐디와 딸 퀜틴이 표출하는 성적 욕망이 이 아들들의 비극의 주된 원인인 것처럼 묘사되고 있는 것이다. 하지만 이들 성장 장애와 부적응은 여성적 정신의 부패에 있다기보다 아버지 세계의 실패와 긴밀하게 연결되어 있다.

퀜틴과 제이슨은 아버지 세계의 실패를 가져온 역사적 변화에 대해 두 가지 상반된 방식, 즉 구남부 가치의 수용과 신남부 가치의 수용의 형태로 대응한다. 그런데 그들의 그 대응은 모두 실패했다.

퀜틴이 실패한 것은 더 이상 변화한 현실에 맞지 않는 구남부의 이상주의적 가치에 그가 집착했기 때문이다. 기사도 정신, 명예, 부성주의 같은 구남부의 가치가 실패한 것은 그런 이상주의적 가치가 노예제도라는 비인간적인 제도 위에 세워졌기 때문이었다. 그런 점에서 퀜틴처럼 구남부의 이상주의적 가치에만 매달리는 것은 구남부의 모순된 현실을 간과하는 태도가 된다. 퀜틴은 귀중한 구남부의 가치가 상실한 데서 오는 상처에만 강박되어 있기 때문에 구남부 가치의 상실의 의미를 제대로 보지 못한다.

한편 제이슨은 이미 죽은 구남부 가치, 이미 누더기가 된 전통에 아무 미련과 애착이 없는 인물로서 신남부의 새로운 가치를 적극 수용한다. 신남부의 가치를 수용한 그는 가족, 공동체, 자연, 신과 절연되어 오직 돈과 자신만을 중심에 놓고 산다. 그는 자신의 가족을 오직 부양해야 될 대상으로만 바라보고, 가장 사적인 관계라 할 수 있는 애정 관계 역시 돈에 비례하는 것으로 여기며, 주변 사람들을 아무도 믿지 못하며 우주도 자신에게 적대적인 것으로 가정하는 것이다. 그의 이런 모습은 신남부의 물질중심적 질서가 인간의 정신에 가져오는 황폐함, 소외감을 보여주는 것이다. 그런 점에서 작가는 그를 통해 신남부의 가치관 수용의 위험을 보여주려 했다고 할 수 있다.

하지만 그 역시 자신의 의도와 달리 구남부의 유산으로부터 완전히 벗어나지 못하며 신남부에서 자기 위치를 찾지 못한다. 그는 아버지를 싫어하고 경멸했지만 아버지로부터 패배주의와 냉소주의, 비관주의를 물려받았으며 성차별적, 인종적 전제를 물려받았다. 그의 태도와 퀜틴의 태도가 유사한 평행을 이루는 것은 그들이 인종적 성적 전제를 공유하기 때문이다. 그런데 그의 경우 심리적 좌절과 박탈감의 정도가 퀜틴에 비해 더 크기 때문에 흑인과 여성과 같은 타자, 그리고 외국인과 주변 사람들에 대한 억압을 더 가혹한 형태로 드러내고 있다.

제이슨이 과거, 전통에서 벗어날 수 없다는 것은 사람이 과거의 유산에서 결코 자유로울 수 없다는 작가의 인식을 반영한다. 그리고 제이슨과 퀜틴이 같은 인종적, 성적 전제 위에 있다는 것은 구남부 사회와 신남부 사회가 그렇게 전혀 다른 사회가 아니라는 것을 의미한다. 구남부 사회와 신남부 사회를 서로 대립항으로 놓고 신남부는 '물질주의,' 구남부는 '기사도와 명예 정신의 구현'이라고만 보는 태도는 구남부를 신남부와 대비되는 이상적인 사회로 바라보는 태도를 의미하게 된다. 그렇게 볼 때 제이슨 장은 신남부 가치에 대한 비판을 수행하는 동시에 구남부 사회에 대한 이상화가 허위일 수 있다는 암시를 하고 있는 것이라 볼 수 있다.

그리고 콤슨가의 최후 생존자인 그가 변화한 세계에서 극히 무력하게 된다는 것은 남부 사회를 언제나 지배해 온 귀족 계급이 역사적 종착 지점에 도달했음을 의미한다. 콤슨가의 절망적인 쇠락의 상태는 백치인 벤지가 러스터와 같이 아무도 없는 부엌에서 맞지 않는 시계를 의미 없이 바라보는 장면에서 상징적으로 잘 나타나 있다. 돈을 잃은 제이슨이 퀜틴 양을 쫓으러 나가고, 어머니는 위층 자신 방에 혼자 드러누워 있고 딜지 역시 어머니를 달래기 위해 위층에 가 있는 사이 벤지와 러스터만 부엌에 있게 된다. 부엌에서 들리는 소리라곤 주전자 끓는 소리와 시계가 짹각거리는 소리이다. 그런데

'쇠락해 가는 이 집의 건조한 맥박소리'와도 같은 소리를 내는 이 시계는 시간이 맞지 않다. 시간이 맞지 않다는 것은 시대의 변화에 적응하지 못하는 이 집의 상황을 대변한다. 그리고 그 시계를 바라보는 이가 의미를 알지 못하는 백치인 벤지라는 것은 변화에 적응할 주체의 부재를 의미한다.

그렇다면 아버지 세계의 실패와 이 아들들의 무력함을 통해 작가는 무엇을 말하려고 하는가? 구남부 가치도 죽은 가치이고 신남부 가치도 부정적인 가치라면, 남부인들은 어떤 가치를 수용해야 하는가? 이에 대한 답변으로 작가가 제시하는 인물이 딜지이다. 작가는 『소리와 분노』 서문에서 황폐한 현재에 미래의 주인공이 될 존재가 딜지였다고 말한다.

> 딜지가 미래가 될 것이었다. 딜지는 폐허가 된 굴뚝, 여위고 끈기 있고 정복될 수 없는 굴뚝처럼, 그 가정의 무너진 폐허 위로 우뚝 솟을 것이었다.

> There was Dilsey to be the future, to stand above the fallen ruins of the family like a ruined chimney, gaunt, patient, and indomitable; (26)

작가의 이 말처럼 딜지는 캐디가 사라진 황폐한 콤슨가에서 사랑의 구심점 역할을 하면서 콤슨가를 지탱하고 있다. 딜지는 타인에 대한 연민이 전혀 없는 제이슨을 꾸짖는 한편 부모 없이 삼촌에게 가혹한 대접을 받고 사는 캐디 딸 퀜틴과, 백치인 벤지를 사랑으로 감싸면서 콤슨가를 유지하고 있는 것이다. 이렇게 볼 때 몰락한 백인 귀족 가문이 대변하던 가치의 대안적 가치를 흑인 유모인 딜지를 통해서 발견할 수 있을 것 같기도 하다.

그러나 이 작품에서 딜지가 백인 귀족 가문의 가치를 대신할 수 있는 존재로 충분히 재현되어 있는지는 생각해 볼 문제다. 왜냐하면 딜지가 개별적인 욕망과 갈등을 지닌 존재로 재현되지 못하고 있기 때문이다. 딜지의 삶, 태도, 말, 외모 등 모든 것은 콤슨가와의 관계 속에서만 그려진다. 4장 첫머리에서 묘사되는 그녀의 모습은 풍만하고 넉넉한 전형적인 흑인유모의 모습을 벗어난 것 같지만, 그것은 콤슨가의 폐허를 상징적으로 드러낸다는 점에서 개별성과는 관계가 멀다. 그리고 그녀가 이 집에서 담당하는 역할은 전형적인 흑인 유모가 맡은 역할이다. 즉 백인 자녀들을 양육하고 보살피는 어머니 역할을 하는 동시에 병약한 주인마님의 온갖 변덕을 다 받아주면서 시중드는 것이 그녀가 하는 일이다. 그러면서 그녀는 낸시[23]가 가진 성적 욕망에서 면제되어 있고, 클라이타이 같이 백인피와 섞일 위협도 없는 존재이다. 딜지는 흑인으로서의 자신의 삶과 자녀들의 삶에 대한 자각이나 자존감이 없고 콤슨가에서 일하는 흑인 유모의 역할에 전적으로 충실하다. 그녀의 공감과 연민은 무엇보다 콤슨가 사람들에게 가 있다. 그런 의미에서 그녀는 "남부의 가부장 세계 내에서 기능하는 편안한 흑인 여성에 대한 백인의 환상을 충족시키도록 구

---

23) 포크너가 『소리와 분노』를 쓰기 전에 쓴 단편 『황혼』("Twilight")에 나오는 흑인 여성 인물이다. 콤슨가의 아이들이 등장하는 이 이야기에서 낸시는 세탁부로 일하는 흑인인데 마을의 백인 남자와 성관계를 맺어서 남편에게 발각되어 살해될까봐 몹시 불안해하는 모습으로 그려지고 있다.

성된" 존재이다(Weinstein 16).

딜지를 이렇게 흑인의 유형적 인물로 형상화한다는 것은 작가가 백인 귀족 가문의 몰락(구남부 세계의 몰락) 배후에 있는 핵심적인 모순을 인식하지 못하고 있음을 반영한다. 주지하다시피 구남부 세계가 문제적인 것은 노예제도라는 비인간적인 제도 위에 문명을 건설했기 때문이다. 그런 의미에서 구남부 세계의 문제의 핵심은 인종문제이다. 구남부에 대한 향수와 이상화의 태도가 보지 못하는 것도 바로 이 인종문제다.

그런데 이 소설은 구남부 세계에 대한 이상화의 위험을 인식하면서도 그것의 핵심적인 내용에 대해서는 말하지 않고 있다. 구남부 세계의 핵심적인 모순인 인종문제가 배후에 가려져 있는 것이다. 그리하여 딜지뿐 아니라, 다른 흑인인물들도 모두 '타자'로 형상화되어 있다. 퀜틴과 제이슨의 의식 속에서 나타나는 흑인에 대한 태도는 구남부의 위계질서에서 주인으로 군림하던 백인 주인의 태도이다. 그들은 흑인들을 개별적 주체적 존재로 보지 못하고 유형화시키고 상징화시켜 바라본다. 퀜틴과 제이슨의 차이는 온정적이냐 아니냐의 차이이지 자신들을 흑인보다 우월한 백인 주인의 자리에 위치시킨다는 점에선 동일하다.

그러나 퀜틴의 의식 속에서 흑인들의 존재는 그림자처럼 지속적으로 따라다니면서 긴장을 주고 있다. 퀜틴은 기존의 주인 / 노예의 익숙한 관계 속에서 흑인을 바라보지만, 그의 무의식 속에는 흑인들의 육체성에 대한 공포가 있고 흑인에게서 벗어나고 싶은 마음이 있다. 흑인들에 대한 퀜틴의 두려움은 백인 누이의 순결, 더 나아가 구남부의 순수 문제와 연결되어 있는 것으로 나타난다. 이런 점에서 퀜틴의 공포는 『압살롬, 압살롬!』에 나오는 헨리(Henry)의 공포와 닿아 있다. 하지만 퀜틴의 이 공포는 그의 의식에서 억압되어 있는 것처럼, 이 작품 속에서도 억압된 채로 나타난다. 백인들의 반영을 벗어난 흑인들의 독자적 모습을 퀜틴이 인식하는 듯한 대목이 나오나 그것도 스쳐지나가고 만다.

결국 이 소설은 구남부 세계의 몰락과 원치 않는 신남부의 가치 속에서 출구 없는 남부 백인들의 곤경을 재현하되, 구남부 세계의 죽음이 무엇을 의미하는지 탐구하고 있지 않다. 구남부 세계의 죽음의 문제를 아버지 인물의 모순 속에서 바라보는 일은 『압살롬, 압살롬!』에 가서야 가능해진다.

III. 『압살롬, 압살롬!』: 부성에 대한 비판적 탐구

　　　　　　　『소리와 분노』가 남부의 한 명문가의 몰락을 고통 받는 아들들의 내면을 통해 다룬 작품이라면, 『압살롬, 압살롬!』은 "남부 역사의 시초와 전성기, 가문의 설립과 아버지의 세계"를 다룬 작품이다(Richard Pearce 124). 『소리와 분노』가 남부의 아들들의 성장 장애의 배후에 있는 아버지의 문제를 모호하게 다루고 있다면, 『압살롬, 압살롬!』은 아버지의 문제를 보다 심도 깊게 복합적으로 다루면서 그것을 남부사회의 모순과 실패와 연결시킨다.

　　『압살롬, 압살롬!』에서 아버지 인물을 대변하는 이는 섯펜이다. 섯펜이 남부의 전형적인 백인 농장주를 대변하는 인물인가 아닌가 하는 것은 그동안 비평에서 논란이 되었던 문제이다. 브룩스나 워렌 같은 비평가는 구남부 사회에 귀족의 이상적 가치가 존재했었다고 보기 때문에 '비인간적인' 섯펜을 구남부 사회의 전형적인 아버지 인물로 보는 데 반대했다. 그들의 이런 반대는 섯펜이 미천한 계급

출신이었다는 사실에 근거하지 않는다. 남부의 귀족 계급이 귀족의 후예라기보다 한 세대 내에 만들어진 존재들로 구성되었다는 점은 역사가 캐쉬의 영향으로 그들을 비롯한 여러 비평가들에 의해 이미 수용된 상태였기 때문이다. 그보다 그들이 강조하고자 하는 것은 섯펜의 가치 규범과 가치관이 전형적인 백인 농장주와 다르다는 점이었다. 브룩스에 의하면 남부 농장주의 전형적인 모습은 부성주의인데 섯펜은 "자기 혈육을 포함해서 다른 사람들을 대하는 태도" 면에서 부성주의와 다른 모습을 보인다는 것이었다("Thomas Sutpen: A Representative Southern Planter?" 300). 그는 또 섯펜의 계획은 "가족에 큰 강조를 두고"있긴 하나, 섯펜 개인에게 있어 "가족적 삶이 거의 존재하지 않고" 가족 관계 역시 "차갑고 형식적"인 관계였다는 것을 강조함으로써 섯펜의 몰락이 구남부 사회의 조건과 관계있다기보다 섯펜 개인의 성격에서 비롯된 것임을 주장하고 있다.

하지만 필자가 보기에 섯펜의 운명은 구남부 사회의 운명과 분리될 수 없다. 섯펜이 추구하는 이상과 가치는 결코 구남부 사회의 이상과 가치와 다른 것이 아니다. 그의 소년기적 경험이 잘 드러내어 주듯이, 그가 수립한 계획은 구남부 사회의 지배적인 이데올로기를 반영하고 있다. 그의 계획은 흑인 노예 노동과 토지를 기반으로 설립되고, 백인 아들을 통해 권력을 영속화하려고 한다는 점에서 구남부 사회의 가부장적 이상을 그대로 반영하고 있는 것이다. 린드(Ilse Dusoir Lind)도 섯펜의 비극이 남부 사회의 비극과 여러모로 비슷하다고 지적하고 있다. 그녀에 의하면, 백인 아들과 흑인 아들을 하나씩 두고 흑인 아들을 거부하고 백인 아들로 하여금 형제 살인을 범하게 한 섯펜의 죄는 "모든 인간을 형제로 받아들이지 못하는," "대농장 문화의 죄"를 대변하는 것이다(293). 그리고 선드키스트 역시 섯펜이 평균적인 모습이 아니나, "그의 신화적 이력의 모습은 넬슨 페이지, 토마스 딕슨(Thomas Dixon), 마가렛 미첼(Margaret Mitchell)이 그리는 목련향 나는 신화적 초상보다 더 정확하게 그려진 부분이 있다"고 지적했다("*Absalom, Absalom*!: The House Divided" 92).

이 외에도 섯펜이 남부 사회의 지배 질서를 대변한다는 증거는 많다. 남부 사회가 본격적으로 형성되기 시작한 1830년대에 섯펜이 대농장을 설립한다는 점, 남북 전쟁 무렵에는 그 지역에서 가장 부유하고 가장 유력한 권력을 행사하는 지도층이라는 점, 남부를 지키기 위해 부사령관으로 전쟁에 출전해 싸웠다는 점, 전쟁 후 몰락의 길을 걸었지만 죽은 뒤에 후손들에게 더 큰 영향력을 행사한다는 점 등에서 섯펜은 남부를 대변하는 아버지 인물이다.

이 소설은 바로 이 아버지 인물을 백인 아들 퀜틴이 탐색하는 형식을 취하고 있다. 백인 아들 퀜틴이 섯펜이라는 아버지 인물을 탐구하는 것은 자신의 오늘을 있게 한 존재가 바로 이 아버지 인물이기 때문이다. 뿐 아니라 섯펜은 남부 전통 사회에서 가문을 설립한 초인적 인물이자 남부를 외부의 침범에서 지킨 위대한 영웅적 인물을 대변하기 때문에 퀜틴은 그에 대해 매료되는 마음이 있고, 그런 면에서 섯펜은 무력한 아버지, 콤슨씨를 대신해서 그가 동일시할 수 있는 아버지 인물이라 할 수 있다.

그런데 1909년도에 위치한 퀜틴이 과거의 아버지 인물을 만나는 일을 간단치 않다. 왜냐하면 아버지 인물은 실체가 없는 유령으로 존재하고 스스로 목소리를 발할 수 없기 때문이다. 퀜틴이 아버지 유령과 만나는 일은 아버지 유령에 대한 이야기들을 통해서만 가능하다.

퀜틴에게 가장 영향력을 발휘하는 이야기는 로자의 이야기와 아버지 콤슨씨의 이야기이다. 이야기하기 행위는 다른 모든 예술 행위와 마찬가지로 개인의 특정한 관점과 시각 속에서 이루어진다는 점에서 이데올로기적 입장에서 벗어날 수 없다. 본고는 각각의 화자들의 이데올로기적 입장을 분석하여 그들이 부성적 인물을 어떻게 만나고 어떻게 회피하는지, 그리고 아버지 인물을 만나는 것이 어떻게 남부 사회의 역사적 핵심과 닿아 있는지 살펴보고자 한다.

A. 로자: 여성의식과 상실된 명분의 이념

포크너 소설에서 여성인물로는 드물게 '말하는 주체'의 위치를 부여받은 로자에 대해서는 그동안 많은 논의들이 있어 왔으며, 포크너의 여성 인물에 대한 논의기 그리히듯이 로자 담론에 대한 평가도 단순하지 않다. 콤슨씨, 퀜틴, 슈리브(Shreve) 등 남성들의 서사와 확연히 구별되는 로자의 서사에 대해 초기의 포크너 비평들은 무관심하거나 부정적이었다. 남성 비평가들이 대부분인 초기의 포크너 비평가들은 로자의 담론이 지나치게 감정적이며 논리적 연관 없이 전

개되고 있으며, 소설의 주제나 구조에 기여하는 바가 별로 없다고
혹평했다.[24]

초기의 포크너 비평가들이 보여준 로자 담론에 대한 부정적인 평
가는 감정보다는 이성을, 여성보다는 남성을 더 우월하게 보는 남성
중심적 시각과 닿아 있다고 볼 수 있다. 로자 담론에 대한 부정적인
평가는 이후의 포크너 비평에서도 발견되는데, 로자의 담론을 구세계
를 대변하는 담론으로만 보면서 구남부에 대한 향수와 이상화 경향과
직결시키는 시각이 바로 그것이다. 몰란드(Richard Moreland)는 로자
의 담론과 콤슨씨의 담론이 당시 남부 담론이 걸어간 두 가지 전형
적인 길을 보여준다고 하면서, 콤슨씨 담론이 "리얼리즘적 태도를
가장하면서 코스모폴리턴적 거리를 두려한다"면, 로자의 담론은 "과
거에 대한 향수의 태도"를 보여주고 있으며 두 길 다 감상성에 뿌리
박은 부적절한 길이라고 지적한다(27). 『압살롬, 압살롬!』과, 구남부
를 다룬 영화를 비교 분석한 루리(Peter Lurie) 역시 몰란드의 연장
선상에 있다. 그에 의하면 초기 영화나 로자 둘 다 "과거에 대해 강
박적이고 향수적인 관계"를 가지고 있는데, 이는 남부 사회의 죽음
에 대해 애도와 이해를 수행하지 않고 있기 때문이라고 지적한다
(129).

이들 비평가가 지적하는 것처럼 로자의 담론이 구남부 사회에 대
한 향수, 이상화, 낭만화의 경향을 가지고 있는 것은 사실이다. 그러
나 로자의 담론은 그렇게 단순하지 않다. 로자의 담론은 지배이데올

---

24) 귀라드(Albert J. Guerard) 같은 평자는 로자의 "광기의 언어"가 로자의
비틀린 성격을 놀랄 만큼 잘 전달하고 있다고 본다(323).

로기의 영향을 드러내지만 동시에 지배이데올로기에서 벗어나는 전복적인 의식이 있다.

로자 담론이 지닌 전복성, 혹은 이중성 내지 복합성에 대한 설명은 페미니즘 비평에 의해 주로 부각되었다. 카우프만(Linda Kauffman)은 로자를 "좌절된 노처녀"로만 보는 환원적 시각은 여성의 분노에 대한 화자의 불편함 때문이라고 하면서, 로자를 열정적인 연애의 주체, 자기 내면을 훌륭하게 표출할 줄 아는 예술가로 봐야 한다고 주장했다(187). 클라크는 남부 가부장제 사회에서 'aunt'의 위치가 지니는 주변적 위치에 주목하면서, 'aunt'인 로자의 육체는 경계를 가진 동시에 경계를 지우고, 로자의 언어 역시 젠더로 구분된 언어의 감옥에 갇혀 있는 동시에 중용이나 선적인 것을 거부함으로써 가부장적 서사에 반발하고 있음을 지적한다(138). 로자의 담론을 프로이트의 도라의 담론 같은 히스테리 담론으로 본 권(Minrose Gwin)에 의하면, 페미니즘 의식을 가진 독자들은 로자의 담론에 대해 '유혹'과 '공포'를 동시에 느끼게 되는데(71), 유혹을 느끼는 이유는 로자가 "가부장제 문화의 광기"를 전복적으로 이야기하고 남성주의적 문화 속에서 여성적 차이를 들려주기 때문이고, 공포를 느끼는 이유는 로자의 담론이 "여성적 힘, 여성적 욕망이 가져오는 끔찍한 결과," 즉 "여성적 주체가 소멸하는 결과"를 목도하기 때문이라고 지적한다(65). 그런 의미에서 로자의 담론은 가부장제에 대해 의문을 제기하고 도전하는 페미니즘 담론이면서, 동시에 그 페미니즘을 해체하고 있다고 본다. 그렇다면 로자로 하여금 페미니즘 담론을 해체하게 하는 힘은 무엇인가? 이에 대한 권의 답은 여성적 욕망을 말하는 로자를 사라지게 만들고자 하는 남성적 욕망 때문이라는 것이다(64). 권에 의하면 남성 화자들은 로자의 주체적 위치를 축소하고 로자에게 거리를 두는 방식으로 로자 담론을 지배하고자 하는데, 남성화자들의 이런 노력은 퀜틴이 로자를 "말을 잃은 미친 노친네"(speechless mad old women)의 이미지로 만드는 것에서 절정을 이룬다는 것이다(64).

여성적 욕망과 그 욕망을 해체하는 힘이 로자 담론에 동시에 작동하고 있다는 권의 입장에 필자는 기본적으로 동조한다. 작품 전체의 구도 속에서 볼 때, 소설을 지배하는 것은 남성화자들의 목소리이며, 이 남성화자들의 목소리에 의해 로자의 담론이 가려지고 있음이 분명하다. 와인스테인의 지적처럼(93), 포크너가 생각하는 '말하기와 듣기'의 이상적인 결합은 남성 화자들에게만 허용되어 있고, 로자가 펼쳐 보이는 욕망과 상처의 이야기는 그녀의 청자인 퀜틴에게 이해와 공감을 얻지 못하고 있는 것이다. 본고는 기본적으로 남성화자들에 의해 유실되고 있는 로자의 상처와 반항을 적극적으로 읽어내고자 한다. 그러나 로자의 전복적 의식을 가리는 것이 남성화자인 것만은 아니고, 로자 자신의 의식에도 있다는 것이 필자의 입장이다. 로자의 담론에는 전복적 의식, 저항적 의식만 있는 것이 아니라, 그의식에 상충되는 의식, 아버지 세계를 수용하고, 아버지 세계에 유혹되는 의식 또한 존재하는 것이다. 그런 점에서 로자의 담론은 피어스의 지적처럼(245), 섯펜, 콤슨, 퀜틴의 이야기보다 훨씬 복잡하다고 할 수 있다.

로자가 말을 하는 이데올로기적 위치는 두 가지이다. 하나는 부성적 인물을 대변하는 섯펜으로부터 치명적인 상처를 입은 여성의 입장이고, 다른 하나는 구남부의 가치를 옹호하는 '상실된 명분' 이념의 지지자로서의 입장이다.

섯펜에 대해 이야기할 때 로자는 서술자로서 많은 한계를 지니고 있다. 그녀는 자신의 가족사와 개인적 경험을 통해 이야기하므로, 직접 경험한 자로서의 생생함을 전달할 수 있으나, 가부장제 하의 주변부에 위치한 여자로서 섯펜가에 대해 많이 알기 어려운 점을 지닌다. 여자들의 삶은 아내나 딸로서 집안 내의 일에 국한되어 있기 때문에 공적 영역에서 일어나는 일을 잘 알 수 없다. 그러므로 그녀가 섯펜에 대해 아는 것은 빈 공백이 많다. 가령 섯펜과 자기 아버지 사이에 있었던 모종의 계약에 대해 로자는 알지 못한다. 그리고 섯펜이 제퍼슨 읍에 오기 전에 겪은 경험, 예컨대 그가 대농장주라는 목표를 수립하게 된 계기와, 그 과정에서 하이티 섬에서 겪은 경험에 대해 로자는 알지 못한다. 그녀는 다만 그가 제퍼슨 읍에서 구한 것과 정반대되는 것이 그의 이전 경험에 있었을 것이라고 추측할 수 있을 뿐이다. 그런 의미에서 그녀는 섯펜의 유년기와 청년기에 대해 조부로부터 이미 들어서 알고 있는 퀜틴에 비해 불리한 입장에 놓여 있다고 할 수 있다.

서술자로서의 불리한 입장은 그녀가 섯펜에게서 치명적인 상처를 입은 여성이라는 점에서도 발견된다. 콤슨씨와 퀜틴 같은 남성 화자들은 그녀의 이야기를 강한 남성으로부터 상처 입은 늙은 노처녀의 한 서린 복수 행위로 여기는 경향이 있다. 퀜틴은 공기가 통하지 않는 "무덤" 같은 집에서 "십자가에 못 박힌 아이"처럼 보이게 하는 큰 의자에 앉아 이야기하는 로자를 보면서, "무력하나 물리칠 수 없는 좌절(impotent yet indomitable frustration,)" "꼼짝없는 무력한 분노(impotent and static rage)25)"(7), "늙은 여자의 풀리지 않는 음침한 원한(an old woman's grim and implacable unforgiving)"(14)을 본다. 좌절된 삶에 대한 분노와 원한, 그리고 상황을 바꿀 수 없는 무력함, 이것이 퀜틴이 바라보는 로자의 삶이고 이야기를 하는 그녀의 행위는 바로 그녀의 분노와 원한을 표출하는 사적인 행위가 된다.

하지만 "엄하고 수척하고 놀라운 목소리(that grim haggard amazed voice)"(7)를 통해 로자가 이야기하는 것은 두 가지 의미에서 퀜틴의 통념을 벗어난다. 첫째, 로자의 이야기는 아버지 인물에 대한 분노와 원한만을 담고 있지 않다. 가부장제 사회에서 가난한 소상점 주인의 딸, 고아, 궁핍자라는 주변부의 위치에 있을 뿐 아니라, 부성적 인물인 섯펜에게서 치명적인 상처를 입고 43년간 칩거한 로자는 지배 질서와 매우 동떨어진 인물로 보이기 쉽다. 그녀의 존재 자체가 부성적 인물, 더 나아가 가부장적 사회질서와 대립적인 것으로 여겨진다. 그러나 놀랍게도 그녀가 들려준 이야기는 부성적 인물에 대해 유혹되었던 자신에 대한 이야기다. 섯펜이 대농장 건축 과정에서 보여준 폭력성, 아내에 대한 냉혹함을 다 알고 있던 자신이 어떻게 그를 수용하고 받아들였는지에 대한 동기에 관해 그녀는 퀜틴에게 이야기하고 있는 것이다. 섯펜의 청혼 수락 사건은 섯펜의 모욕적인 제안 이상으로 그녀를 괴롭혀 온 문제26)로서, 43년간 칩거하는 동안

---

25) William Faulkner. *Absalom, Absalom!* 1936. (New York: The Modern Library, 1964). 앞으로 이 책으로부터의 인용은 면수만 표기할 것임.

그녀가 스스로에게 묻고, 또 물어온 부분이었다.

거의 50여 년간이나 내가 묻고 귀 기울였던 '왜?, 왜?, 왜?'라는 질문.

Why? Why? and Why? that I have asked and listened to for almost
fifty years(167)

그러므로 로자가 섯펜을 수용하는 이유에 대한 설명은 로자의 담
론에서 매우 핵심적인 부분이라 할 수 있다.

로자의 이야기가 퀜틴의 통념을 벗어나는 두 번째 측면은 그녀의
이야기가 단순히 사적이고 추상적인 차원에 머물지 않는다는 점이
다. 사실, 모두가 인정하다시피 그녀의 언어는 매우 장황하고 감정적
이고 사적인 경험으로 충만해서 그녀의 담론이 사회역사적 맥락과
동떨어져 있다고 여기기 쉽다. 하지만 로자는 자신의 사적인 원한과
분노, 사적인 욕망과 환상에 대한 강렬한 이야기를 하면서 결코 남
부 사회의 역사적 흐름을 간과하지 않는다. 콤슨씨를 비롯한 남성화
자들이 그녀에게서 육체성을 제거하고 유령 같은 존재로 만들려고
해도, 로자는 사회 역사적 현실에 매인 존재로서의 자신, 개인의 욕
망을 지닌 육체적 존재로서의 자신을 잊지 않고 우리에게 환기시키

---

26) 그녀는 자신이 섯펜의 청혼을 수락했을 뿐 아니라, 섯펜의 청혼을 '교
사'한 측면이 있다고까지 말하는데, 이는 섯펜의 청혼 수락에서 자신이
보인 적극적인 태도를 지적하는 것이라 할 수 있다. 또 섯펜의 청혼을
성큼 받아들인 자신의 태도를 '주인의 호루라기 소리에 좋다고 뛰어가
는 강아지'에 비유하는데, 이는 그런 자신의 태도가 얼마나 비굴한 것
이었나를 자조하는 것으로 볼 수 있다. 본문 158, 165 참조.

고 있다.

섯펜에 대한 로자의 담론은 낭만적 사랑과 결혼에 대한 꿈의 실패라는 개인적인 맥락과 남부 땅의 몰락이라는 사회 역사적인 맥락 속에서 제시된다. 로자의 삶의 가장 큰 특징은 물질적인 존재조건과 의식의 괴리이다. 로자는 포크너의 단편, 『에밀리에게 한 송이의 장미를』('A Rose for Emily')에 나오는 에밀리와 마찬가지로, 물적 조건은 극빈자 수준이면서 의식상으로는 남부 귀부인 의식을 내면화한 모순적 상황에서 살아가고 있다.27) 로자를 나타내는 중심적인 이미지는 '고아,' '노처녀,' '닫힌 문 뒤에서 귀 기울이는 카산드라' 같은 모습이다. 로자에게 있어 닫힌 문은 곧 사랑과 결혼으로 통하는 문을 의미한다. 백인 처녀에게 있어 결혼의 가능성이 닫혀 있다는 것은 곧 사회적으로 열등한 기생적 존재로 떨어지는 것을 의미한다. 그것은 또 여성의 육체적 욕망을 충족시킬 합법적 공간을 박탈당하는 것을 의미한다. 로자의 이런 상황을 콤슨씨는 "16살에 이미 노처녀의 운명을 타고난 것"이라고 묘사한다.28)

---

27) 로자는 가난한 소상점 주인의 딸, 고아, 궁핍자인 자신의 상황에도 불구하고 스스로를 "남부의 귀부인"(a Southern gentlewoman)이라고 말한다(169). 콤슨씨 역시 로자가 남부의 귀부인 의식을 지니고 있음을 지적한다. 로자가 실제적인 일에 서툴며 마을의 다른 사람들과 특별한 교류가 없는 것은 그녀의 귀부인의식과 관계있다.

28) 이런 노처녀 이미지는 젊음이 부재한 여성의 이미지로 표현된다. 젊음이 부재한 로자의 모습은 외적으로 매력 없는 모습으로 나타난다. 로자가 열다섯 살이던 무렵 대학 1학년이던 헨리를 잠깐 길에서 만났을 때 로자는 열다섯 살임에도 불구하고 쉰 살 같다고 묘사된다. 그리고 로자가 열 살 무렵에 섯펜 집을 방문했을 때, 그녀의 머리는 햇빛 쏘여 본 적이 없는 쥐색을 하고 있고, 눈은 부드러운 밀가루 반죽에 박힌 석탄

이런 로자에게 있어 섯펜과의 결혼은 남부 지배질서로의 안전한 편입을 의미한다. 더 이상 물적인 존재와 의식의 분열을 느끼며 살지 않아도 되는 상황이 열리는 것이다. 그런데 문제는 그동안 로자가 섯펜을 야만적이고 악마적인 존재로 보아왔다는 점이다. 그렇다면 로자는 왜 섯펜을 부정적으로 보았는가?

섯펜이 제퍼슨에 나타나 대농장을 구축하고 가문을 이루는 과정을 묘사할 때, 로자는 섯펜을 '지옥의 악취'와 연결시킬 정도로 그 과정을 부정적으로 묘사하고 있다. 로자가 그를 악마로 보게 된 데에는 물론 고모의 영향29)도 크지만, 그보다 다른 이유가 개입되어 있다. 로자는 섯펜이 남부의 전형적인 귀족계급과 다른 차이를 강조하고자 그를 악마로 묘사하는 것이다. 로자가 그 차이를 나타내는 증거로 드는 것은 그가 과거가 없었다는 점, 그가 농장을 건설하는 과정에서 보인 폭력성, 불분명한 돈의 출처, 아내인 엘렌에 대한 무자비한 태도, 그의 야만적인 행동 등인데, 이 모든 것은 그가 '신사'가 아니었다는 말로 요약될 수 있다.

로자에 의하면 섯펜은 어느 날 갑자기 무에서 모습을 드러내듯이 제퍼슨에 도착했다. 그의 등 뒤에 가문의 배경이 없는 그는 듣도 보

같으며, 처녀로 육신에 얽매어 있는 존재라는 것에 고통을 느끼는 것 같다고 묘사된다.

29) 죽은 로자의 엄마 대신 로자를 키운 이는 노처녀 고모였다. 로자 고모는 여성에 대해 경멸적인 시각을 가진 콤슨씨에 의해 묘사되므로 지나치게 감정적인 인물로 서술되는 경향이 있다. 콤슨씨의 서술에 의하면 고모는 복수의 화신과도 같은 인물로서 로자에게 섯펜과 콜드필드 씨를 미워하게 가르치고, 더 나아가 남성 원칙 자체를 미워하게 가르친 존재이다.

도 못한 '이름'을 지닌 존재다(14). 게다가 그는 무엇인가를 감추기 위해 '체면(respectability)' 뒤에 숨은 인물이다. 그것으로 미루어 볼 때 그가 도망쳐 온 것은 '체면'과는 정반대 편에 있는 것이고 그것은 말하기에 너무 어두운 것이었음에 틀림없었다고 로자는 말한다. 섯펜이 농장을 건설하는 과정 하나하나도 로자가 보기에 폭력적이다. 로자는 섯펜이 농장을 그저 세운 것이 아니라 "폭력적으로 찢어내었다(violently torn)"고 서술한다. 100평방 마일의 땅을 무지한 인디언에게 뺏다시피 마련했고(16), 법원만큼이나 큰 저택을 어떻게 세우게 되었는지 그 출처도 의심스럽다고 말한다. 그리고 그렇게 모호한 출처를 통해 구축해놓고는 마치 증조부 때부터 왕에게서 하사받은 영구재산인 양 그 집을 섯펜즈 헌드레드(Sutpen's Hundred)라고 불렀다고 냉소적으로 말한다.

엘렌과의 결혼 생활에서도 그는 신사와는 거리가 먼 모습을 보였다고 로자는 서술한다. 로자가 보기에 엘렌과의 결혼에서 섯펜이 필요로 했던 것은 오직 엘렌과 그의 아버지가 가진 흠 없는 이름이었다. 로자는 엘렌의 결혼 생활에서 엘렌의 절망과 불행을 목격했다. 엘렌과 섯펜의 결혼은 섯펜 쪽으로 볼 때에는 자기가 원하는 것을 얻은 '승리'이지만 엘렌의 측에서 볼 때에는 '절망'이고 '공포'가 된다.

남편으로서 아버지로서 섯펜이 엘렌의 기대에 못 미치는 존재라는 것, 엘렌의 실망이 구남부의 기사도 문화의 규범을 벗어난 섯펜의 행동과 관계있다는 것을 로자는 두 장면을 통해 강조하고 있다. 이 중에서 특히 헛간 장면은 신사와 너무나 거리가 먼 섯펜의 모습과 엘렌의 충격을 부각시킨다. 섯펜은 마구간에 흑인들과 백인들을 모

아놓고 연례행사처럼 싸움을 벌이곤 했는데, 그 싸움은 백인들이 하
듯이 규칙과 무기를 가지고 싸우는 싸움이 아니었다. 마치 흑인들이
하듯이 빨리 치명적으로 해를 입히는 사람이 이기게 되어 있는 싸움
이었다. 엘렌은 이 싸움이 일어나는 것에 대해 알고 있으면서도 이
를 묵인했다. 그런데 어느 날 엘렌은 이 싸움 장면을 목격하게 되는
데, 엘렌의 생각과 달리 흑인들끼리 싸우는 것이 아니라 흑인과 백
인이 맞붙어 싸우고 있었고, 더욱이 그 싸우는 백인은 바로 자신의
남편 섯펜이었다. 거의 맨몸과 같은 상태에서 상대 흑인을 때려눕히
고 피를 뚝뚝 흘리는 섯펜의 모습은 엘렌이 보기에 아이들의 아버지
요 자신의 남편인 백인 농장주에 어울리는 모습이 아니었다. 엘렌의
시각으로는 백인 주인이 자기 노예와 직접 맞붙어 싸우는 것은 인종
적 금기를 깨는 것이고, 따라서 그것은 자녀들에게 잘못된 교육을
불어 넣는 일이 되는 것이다.

　　하지만 섯펜의 이 싸움 장면은 엘렌의 생각과 달리, 구남부 사회
의 규칙과 근본적으로 다른 것이 아니다. 이 장면에서 강조되는 것
은 흑인에 대한 섯펜의 우월함임을 고려할 때, 이 장면은 오히려 마
을의 규칙을 선명하게 보여주는 장면이다. 그런 의미에서 이 장면에
서 섯펜이 하는 일은 아들인 헨리에게 백인 우월주의 이데올로기를
심어주는 일이다. 이 장면은 헨리에게 남부 사회의 지배 이데올로기
를 교육시키는 기능을 하고 있다.[30)]

---

30) 분(Joseph Boone)은 이 장면이 헨리에게 있어서 '원초적 장면(primal
　　scene)'을 구성하고 있다고 지적하고 있다. 그에 의하면 어린 자녀가 목
　　격하게 되는 부모의 교접행위 대신 여기서는 섯펜의 세계를 지배하는

로자는 이처럼 섯펜의 '비신사적 태도'를 들어서 그를 구남부의 전형적인 귀족계급과 다르게 여기는 한편으로 그를 자기 아버지와도 매우 대조적인 인물이라고 본다. 아버지 / 섯펜을 대조적으로 보는 그녀의 시각은 섯펜의 '이방인적 성격'을 강조하기 위한 것이다. 로자는 독실한 기독교도였던 아버지 / 교회라곤 일생에 3번 가본 섯펜, 해 아래서 이익을 구하는 일이라곤 하지 않는 아버지 / 돈을 가지는데 익숙하고 다시 가지고자 하며 얻는 방법에 대해 주저하지 않는 섯펜, 미시시피 주로 이주해 오긴 했으나 근본이 확실한 아버지 / 근본을 모르는 섯펜, 이런 식으로 자기 아버지와 섯펜을 매우 대조적으로 바라본다.31)

로자의 묘사에서 섯펜의 가문 구축과정이 이렇듯 비판적으로 묘사되고 있는 것이 남부 사회의 성립과정과 성격에 대한 비판의식 때문이었다면, 로자의 역사 인식이 매우 통찰력 있는 것이라 할 수 있을 것이다. 그런데, 안타깝게도 로자가 섯펜을 그렇게 부정적으로 그리는 이유는 다른 데 있다. 그것은 즉 섯펜의 이방인적 성격을 강조하기 위한 것이다. 로자는 섯펜의 폭력성과 도덕적인 모호성이 남부 사회의 중심적 계층인 신사와 다르다는 것을 강조하려고 하는 것이다. 이점에서 로자는 구남부 사회를 이상적으로 바라보는 상실된 명

힘의 상징을 보여주고 있는데, 그것의 목격이 헨리에게 충격과 공포를 주고 있다고 한다. p.223.
31) 그녀의 이런 시각은 마을 대부분의 사람들과 같은 시각으로서, 아버지 콜드필드 씨와 섯펜과의 모종의 비밀스런 계약을 모르는 데서 기인한다. 로자는 아버지를 미워하지만, 아버지의 도덕적 기만과 허위에 대해서는 잘 모르고 있다.

분 이념의 영향을 보여준다.

상실된 명분 이념의 영향은 섯펜에 대한 그녀의 시각 변화에도 결정적 영향을 미친다. 로자는 남북 전쟁을 기점으로 섯펜에 대해 매우 달라진 시각을 보인다. 그녀의 말에 의하면 그동안 섯펜의 이미지를 이루던 괴물의 형상을 칼로 베어 내었다.

······ 나는 단지 용서하는 것 이상의 일을 했어. 나는 그것(그 형상)을 칼로 베어 냈지.

······ I did more than just forgive; I slew it(167).

베어 낸 섯펜의 이전 형상의 자리에 로자가 새롭게 둔 형상은, 영웅의 형상, 고난받는 자의 형상이었다.

구남부에 대한 이상화, 미화의 태도는 구남부를 지키기 위해 전쟁에 참전한 섯펜을 다르게 보게 만든다. 그녀의 담론에서 섯펜은 남북 전쟁을 계기로 남부를 지킨 영웅, 혹은 전쟁으로 고통을 당한 희생자로 부각된다. 남북 전쟁 후 섯펜은 "영웅의 조각상과 형태"를 띠게 되며, 암울한 남부의 미래를 앞에 두고 맨손과 "결코 굴복하지 않은 김"과 "용맹의 표창장"(19)을 지닌 사람으로 묘사된다. 그리고 몹시 야위고 지킨 말을 타고 온 섯펜은 '고통을 견디는 한 사림'으로 로자에게 각인된다. 주변 사람들에게 공포와 절망을 가져다 준 가해자가 아니라, 희생자의 모습으로 섯펜이 바뀌게 되는 것이다. 카우프만은 로자가 섯펜에게 공감과 연민을 가지게 된 것이 로자의 상상력의 능력 때문이었다고 지적하고 있지만(197), 그보다 그것은 상실된 명분의 이념과 관계있다. 전쟁의 원인 제공자인 남부의 농장주 계급을 희생자로 둔갑시키는 것은 상실된 명분 이념이 한 일 중 하나였다.

사실 섯펜은 전쟁을 겪기 전이나 후나 달라진 것이 별로 없다. 숨도 돌리지 않고 바로 농장을 복구하는 모습이나 그 과정에서 그가 구사하는 전략들, 예컨대 "설득, 약속, 위협, 강제적 힘(cajory, promise, threat, and at last force)"(161)을 동원한다거나, 철저한 자기중심적 태도를 가지고 목적만을 향해서 매진하는 태도는 제퍼슨에 처음 와서 농장을 구축하던 때의 모습과 똑같은 것이었다. 이런 그의 모습은 그가 구남부의 모순에 대한 반성 없이 구남부를 복원하고 있음을 나타낸다. 그런데 로자는 이런 행동을 비판적으로 보지 않는다.

로자는 사람들에게 동조하지 않고 꿋꿋하게 농장 복구에만 힘쓰는 섯펜을 '강물'같이 밀려드는 시대 변화에 '빈손과 조약돌'로 막으려는 사람의 이미지로 묘사하면서, 불리한 조건 속에서도 전혀 위축되지 않는 그의 용감한 정신과 불굴의 의지를 높이 평가한다. 그녀는 실현 불가능한 것을 추구하는 섯펜의 모습에서 일종의 광기를 발견하면서도, 그 광기를 부정적으로 보지 않는다. 그녀는 섯펜이 가진 광기가 비록 공포나 연민에 대해 알지 못해도 어떤 굉장한 것을 포함하고 있을 수 있다는 생각을 가지면서, 기꺼이 그 광기의 보호자가 되려 한다. 그녀의 이런 태도는 광기로 표현되는 섯펜의 계획이 타인의 공포와 절망을 기초로 한 것이라는 부분에 대해 면죄부를 주는 태도이다.

타인의 절망과 공포에 대한 공감 부재의 태도는 로자 자신에게서도 발견되는 태도이다. 남부 귀부인 의식을 내면화하고 있는 로자는 백인/흑인, 농장주/하층민의 위계질서를 당연한 것으로 받아들이고 있나. 로자는 벡인 여성으로서의 자신의 위치를 흑인과 다른 존재, 하층민과 다른 존재에서 확인받고 살았다. 그녀의 이런 태도는 클라이티(Clytie)를 대하는 태도를 통해 가장 잘 나타난다. 그녀는 어린 시절부터 주디스(Judith)와 함께 어울려 지내던 클라이티를 대할 때 서로의 인종적 위치를 잊는 법이 없었다. 로자는 거의 "본능적으로 클라이티를 두려워"(140)하고 클라이티가 만진 것은 손도 대지 않았다. 그리고 전쟁 기간 동안 로자가 주디스, 클라이티와 더불어 섯펜가에 지낼 때, 서로 "나이나 인종의 구별 없이"(155) 각자에게 맞는 일을 나누며 지냈지만, 로자는 클라이티의 피부색에서 어쩔 수 없는 이질감과 거리를 느낀다.

주디스와 나를 우리가 있던 자리로 되돌렸던 그 붕괴를 바로 그녀의 피부색에서 대변했던 클라이티 ……

Clytie who in the very pigmentation of her flesh represented that debacle which had brought Judith and me to what we were …… (156)

그녀는 클라이티를 "이해할 수 없이 고집스러운(perversee inscru-table)" 존재, "역설(paradox)"적인 존재(156)로 본다. 클라이티에 대한 로자의 엄격한 거리 유지는 가난한 백인 여성으로서의 자신의 취약한 위치에서 나온 방어심리의 표출일 수도 있다. 흑인의 존재는 극빈의 상태에 놓인 백인으로 하여금 자신들이 사회의 가장 밑바닥은 아니라는 안도감을 줄 수 있기 때문이다. 로자와 클라이티의 공감 부재, 소통 부재는 소설 말미에서 가장 절정을 이룬다. 헨리(Henry)를 구하러 섯펜 고가로 달려간 로자의 의도를 '복수,' '처벌'의 메시지로 읽어내어 고가에 불을 지르고 만 클라이티의 행위는, 로자 편에서 가혹하게 적용한 인종차별의 거리감이 어느 정도인지, 그리고 그것이 얼마나 비극적인 결과를 낳는지 극명하게 보여준다.

이처럼 로자의 의식에는 구남부 사회의 명분을 지지하고 그 사회의 지배 이데올로기를 내면화하는 보수적 의식이 확고하게 자리잡고 있다. 그러나 로자의 의식 한편에는 이와 정반대되는 의식, 즉 가부장에 대한 분노와 여성적 욕망에 대한 이야기가 분출되고 있다.

로자의 담론에는 지배질서에 저항하는 두 가지의 목소리가 존재한다. 하나는 강력한 부성적 인물에 의해 치명적인 상처를 입은 여성으로서 내는 "풀릴 수 없는 음침한 원한"(14)의 목소리이고, 다른 하나는 그녀의 육체가 기억하는 열정에 대한 목소리이다.

로자가 섯펜에 대해 지닌 분노는 그녀의 담론에서 매우 명확하게 읽히는 대목이다. 마을 사람들도 이미 그녀가 겪은 모욕의 내용과 그 모욕에 대한 그녀의 강력한 항의를 다 알고 있다. 남부 귀부인으로서 편입될 수 있는 기회를 거절하고 43년간을 칩거 속에서 가난하게 살고 있는 그녀의 삶 자체가 이미 타협할 수 없는 그녀의 저항의식을 잘 드러내고 있다. 그녀의 분노가 얼마나 가슴 사무치는지는 "삼천 마디의 말"(166)로도 설명하기에 불충분하다는 그녀의 말에서 잘 나타난다. 그녀가 섯펜과 더 나아가 남부의 가부장 질서에 대해 가장 분개하는 부분은, 여성을, 지위나 인종과 상관없이, 하나의 육체 덩어리, 그것도 "개나 소나 말의 암컷"(168)의 육체와 같은 수준으로 보는 점이다.

모리스(Wesley Morris)의 지적대로, 섯펜의 제안이 낭만직 사랑이나 심지어 욕정에 의해 촉발된 것이었다면 아마 로자는 받아 들였을 것이나(180) 섯펜에게는 그런 인간적인 감정이 개입될 여지가 전혀 없다. 사실 로자를 격분시킨 섯펜의 그 대담한 제안은 관습적인 명예로운 행동양태를 벗어난 것으로 보인다. 말하자면 그것은 야만적이고 기괴하고 파괴적인 행동양태로 비춰질 수 있다. 하지만 불행히도 그것은 가부장제 사회에서 여성들의 운명을 극단적으로 표현한 것에 불과하다. 포터가 지적하듯이, 섯펜의 제안이 함축하고 있는 바는 여성에게 가능한 유일한 역할은 아내, 어머니, 처녀, 매춘부의 역할이며, 아내, 어머니가 해야 할 가장 중요한 일은 "남자 아이를 낳아 주는 자궁의 역할"이라는 것이다("Symbolic Fathers and Dead Mothers" 108). 여성이 아버지의 집에 소속되려면 이 자궁의 역할을 제대로 해내어야 하는 것이다. 이렇게 볼 때 그녀의 분노는 섯펜과 같은 남성에게 있어서, 그리고 더 나아가 남부 가부장 사회에서 여성의 존재 위치를 정확히 인식하는 데서 오는, 정당한 분노이다.

그런데 로자의 음성에는 분노의 음성만이 있는 것이 아니다. 거기에는 몸의 열정에 대한 이야기도 있다. 사실 로자는 '늙은 노처녀,' '성장하지 않는 아이'의 이미지로 그려지고 있기 때문에 육체적 열정과는 매우 거리가 있는 인물로 비춰진다. 게다가 이 열정에 대한 이야기는 남부 사회의 지배적 이데올로기에 의해 강력하게 억눌려진 이야기이기도 하다. 주지하다시피 남부는 남부 귀부인을 높은 제단에 올려 숭배의 대상으로 삼으면서 고결함, 순결함, 모성애만 강조한 사회였다. 남편은 성적 자유를 맘껏 구가한 반면, 백인 여성들의 육체는 엄격하게 자녀 출산의 기능에 국한되어 있으면서, 자신들의 육체성에서 멀어져 있었다. 이런 상황에서 몸의 열정에 대해 이야기한다는 것은 결코 쉬운 일이 아니다. 그런 의미에서 "감각적인 것에 대한 도발적인 찬사"(Carolyn Porter 108)를 담고 있는 로자의 담론은 재현할 수 없는 것을 재현하는 담론이다.

그렇다면 로자는 어떻게 열정에 대해 이야기할 수 있는가? 로자가 몸의 열정에 대해 이야기할 수 있는 것은, 그녀의 의식과 무관하게 그녀의 몸이 그 열정을 기억하고 있기 때문이다. 로자의 말대로 기억은 "생각"이나 "마음"이 하는 것이라기보다, "감각," "육체"가 하는 것이라면(142), 육체가 있는 한, 육체가 느낀 열정은 기억되고, 기억이 남아 있는 한, 그것은 의식으로 표출되기 때문이다.

열정에 대한 로자의 이야기는 찰스 본(Charles Bon)에 대한 이야기를 통해 나타난다. 찰스 본과 관련한 이야기는 낭만적 사랑과 결혼에 대한 그녀의 이루어질 수 없는 꿈에 대한 이야기 형태 속에서 전개된다. 그런데 그녀는 낭만적 사랑과 결혼의 꿈에 대해 이야기하는 가운데, 자신도 모르게 자신의 성적 열망을 표출하고 만다.

찰스 본에 대한 로자의 사랑은 이중의 의미에서 실현 불가능한 사랑이다. 찰스 본이 로자의 조카인 주디스의 연인이라는 점과, 고아, 노처녀, 극빈자인 로자의 삶의 조건과 부유한 계층의 대학생인 찰스 본의 삶의 조건의 차이는, 두 사람의 사랑이 도저히 이루어질 수 없는 것임을 보여준다. 로자 역시 자신이 품은 사랑의 실현 불가능성을 잘 알고 있다. 그렇기 때문에 그녀는 찰스 본에 대한 사랑을 부인하거나 우회적으로 표현하고 있다. 그럼에도 불구하고 14살 사춘기 무렵의 로자는 찰스 본을 사랑하는데, 그녀가 마음에 품은 칠스 본은 낭만적 사랑에 대한 환상과 몸속에 감추어져 있던 열정을 그녀에게 강하게 일깨우는 존재다.

사랑에 대한 로자의 생각은 매우 낭만적이어서, 로자는 사랑을 자아의 자발적인 '항복'과 '포기' 혹은 자신의 가치를 인정받는 것과 연결시킨다. 사랑에 대한 로자의 서술에서 특히 주목할 것은, 사랑에 대한 그녀의 기대 속에 성적인 열망의 충족도 포함되어 있다는 점이다. 복잡한 수사를 통해 그녀가 서술하는 것을 보면, 그녀가 본을 만나기 전의 자신과, 만난 이후의 자신을 대조적으로 표현하는 것을 알 수 있다. 본을 알기 전의 그녀는, "대담한 남성 말벌과 정욕의 벌(the male predacious wasps and bees of later lust)"이 머물지 않은 이파리(144), "무시된 뿌리(the neglected root)," "지하에 사는 눈 먼 물고기(that blind subterranean fish)," 빛이 없는 자궁 속에 있는 "태아(embryo)"(144), 그리고 "죽은 육체(dead flesh)"(145)에 비유되고 있다. 하지만 본을 만난 후 로자는 자신 속에서 이브로부터 물려받은 유산인 "뿌리와 충동(root and urge)," "불꽃(spark)"을 발견한다. 그녀의 표현을 빌면, 비틀린 유충이었지만 "완벽한 씨앗(perfect seed)"(144)을 지녔고, 자궁 속에서도 무르익고 성숙해 있었다고 한다. 여기서 그녀가 말하는 "뿌리와 충동," "불꽃," "씨앗"은 남부 사회가 금기한 여성의 육체적 열망에 다름 아니다.

남북 전쟁과 같은 시점에 일어난 찰스 본의 죽음이 그녀에게 그토록 큰 충격을 준 것은 본의 죽음이 낭만적 사랑과 결혼에 대한 그녀의 꿈, 그리고 그 꿈속에 포함되어 있는 여성적 욕망의 죽음을 의미했기 때문이다.[32] 필자가 보기에 본의 죽음이 로자에게 준 충격은 섯펜의 모욕적인 제안이 준 충격에 거의 맞먹는 것으로 묘사되고 있다. 본의 시체를 확인하러 간 자신의 모습을 "미칠 지경으로 혼란된 밤의 새(a wild distracted nightbound bird)"(138)로 비유하는 것이나, 본의 시체(그녀가 결코 본 적이 없는 시체)를 관에 옮길 때 그녀가 묘사하는 부분을 보면, 그녀의 인생에서 낭만적 사랑과 성적 열정의 의미가 차지한 비중이 어느 정도인지 알 수 있다.

지성과 감각이 받아들이기 거부하는 어떤 일들이 일어나기도 해 …… 마치 보이지 않는 간섭에 의해서 인양 우리를 꼼짝 못하게 멈추는 사건들이 일어나지. 그래서 이후의 사건들이 소리 없는 진공 속에서처럼 일어나서 사라지는 것을 유리창을 통해 바라보는 것과 같아지지; 그 일들이 사라지고 나면, 우리는 꼼짝 못한 채 무력하고 희망 없는 상태가 되어 죽기를 기다리게 되는 거지. 그때가 그랬어.

There were somethings which happen to us which the intelligence and the senses refuse …… occurrences which stop us dead as though

---

32) 남북 전쟁이 많은 남부 여성들의 삶에 가한 상처가 바로 이런 것이었다. 남부의 여성들은 장래의 남편감을 전쟁터에서 잃고 미망인으로 살아야 했다. 로자는 '미망인'으로 사는 일의 상처를 찰스 본의 죽음을 통해 잘 표현하고 있다.

by some implacable intervention, like a sheet of glass through which we watch all subsequent events transpire as though in a soundless vacuum, and fade, vanish; are gone, leaving us immobile, impotent, helpless; fixed, until we can die. That was(151−52).

본의 죽음은 주디스에게 있어서뿐 아니라, 그녀의 삶에 있어서도 가능성의 문을 닫는 사건으로 기록되었던 것이다.

본이 로자에게 자신의 육체에 있는 열정을 발견하게 한 존재였다면, 클라이티는 또 다른 의미에서 육체가 지닌 잠재적 전복성을 로자에게 일깨우는 존재다. 본의 죽음을 확인하러 간 로자를 제지하면서 클라이티가 로자의 손목을 잡는 대목에서, 로자는 자신이 그동안 내면화한 흑백의 엄격한 거리와 위계질서가, 육체라는 매개를 통해서 해체될 수 있겠다는 놀라운 인식을 자신도 모르게 하게 된다.

살과 살의 접촉에는 예의바른 질서라는 그 복잡하고 우회적인 통로를 가로질러 지름길로 나가서 그것을 없애는 그 무엇이 있다.

······ there is something in the touch of flesh with flesh which abrogates, cute sharp and straight across the devious intricate channels of decorous ordering ······ (139)

살과 살을 접촉하게 하라. 그리고 위계구조라든가 피부색 같은 달걀 껍질 같은 구호들이 모두 부서지는 것을 보라.

······ let flesh touch with flesh, and watch the fall of all the eggshell shibboleth of caste and color too(139).

　육체를 매개로 이루어지는 로자의 이런 인식은 남부의 지배이데올로기의 인위성과 허약성을 선명하게 보여주는 인식으로서, 남부에 사는 사람으로서는 생각할 수 없는, 매우 전복적인 사고이다. 그녀의 인식이 담고 있는 놀라운 통찰은 헨리와 본의 관계를 염두에 두고 볼 때, 더욱 두드러진다. 장자권과 근친상간이라는 금기를 초월해서까지 본을 사랑했던 헨리가 본의 흑인 피를 인식한 순간 그를 수용하지 못하고 살인하지 않을 수 없었던 상황에 비추어 보면, 흑인인 클라이티와의 육체적 접촉을 통해 로자가 획득하는, 금기를 넘어선 유대감은 놀라운 것이다. 그렇다면 문제는 로자가 이런 인식을 계속 밀고 나갈 수 있는가 하는 점일 것인데, 로자는 자신의 이런 인식을 그 순간 부정하고 만다. 로자는 자신을 그 누구보다 존중하고 가치 있게 여기는 눈빛을 클라이티로부터 느끼면서도, 그리고 따스한 육체의 접촉이 주는 울림을 읽어내면서도, 클라이티와 자신 간의 인종적 경계선을 넘지 못한다. 로자의 이런 부인은 남부 사회에서 지배이데올로기의 강고한 영향력을 드러낸다 할 수 있다.

　이상에서 보았을 때 로자의 의식에는 두 가지 의식이 서로 상충하면서 존재한다고 볼 수 있다. 찰스 본을 통해 알게 된 여성적 욕망을 인정하고 기억하는 로자, 섯펜의 가부장적 계획에서 여성이 처한 자궁으로서의 위치에 거세게 분노하는 로자, 그리고 인종적 위계질서의 인위성과 허위성을 뛰어넘은 인식의 순간을 기억하는 로자는, 남부 사회 지배이데올로기에 저항하는 로자이다. 하지만 클라이티에게 엄격한 인종적 거리감을 적용하는 로자, 구남부를 이상적 공간으로 기억하는 로자, 구남부를 위해 싸운 섯펜을 영웅, 희생자로 바라보고 반성 없이 구남부를 복원하려 한 섯펜의 계획에 동조했던 로자는, 상실된 명분의 지지자로서의 로자의 모습이다.

그렇다면 상충하는 두 의식을 내포하고 있는 로자의 이야기는 부성 탐구의 과제를 안고 있는 퀜틴에게 어떤 영향을 끼치는가? 퀜틴은 로자의 이야기에서 어떤 의미를 건지는가?

로자의 이야기가 여성의식과 관련한 것이든, 혹은 구남부의 향수에 대한 것이든, 로자의 이야기 자체는 퀜틴에게 별다른 영향을 끼치지 않는 것으로 나온다. 로자가 들려주는 이야기를 퀜틴이 제대로 듣고 있지 않으며, 섯펜가와 관련한 미스테리에 대해 퀜틴이 로자와 다른 이야기를 구성하고 있다는 사실이 이를 증명한다.

퀜틴에게 있어 로자의 영향은, 그녀의 이야기보다, 그를 섯펜가로 데려가 섯펜의 장자인 헨리와 대면시킨 일에서 더 큰 힘을 발휘한다. 로자의 이야기를 들을 때는 로자의 감정과 동화되지 않고 자기 생각에 빠져 있던 퀜틴이, 로자와 함께 섯펜 고가로 갔을 때는 로자의 감정에 서서히 동화되는 모습을 보이고 있다. 퀜틴이 로자의 팔을 부축했을 때, 퀜틴은 과거 / 현재의 거리, 여성 / 남성의 거리를 넘어서는 공감의 순간을 만나는 셋이다. 퀜틴은 여위고 딱딱한 그녀의 팔 아래에서, "무언가 격한 잠재울 수 없는 역동적인 것(something fierce and implacable and dynamic)"(367)이 그의 손바닥과 팔로 몰래 전해져 오는 것을 느낀다. 이때 퀜틴이 전달받는 것은 다름 아니라, 살아서 꿈틀거리는, 잠재울 수 없는 과거의 힘이다. 장뇌 냄새나는 숄, 오래 묵은 양산, 맞지 않는 열쇠꾸러미들을 지니고 있는 로자는 퀜틴에게 있어 과거의 세계를 대변한다. 로자는 퀜틴에게 과거의 세계를 대변하고, 과거의 세계가 가진 죄악의 결과로 인도하는 안내자에 그칠 뿐인 것이다.

로자의 담론이 퀜틴에게 그다지 큰 영향을 미치지 못하고 퀜틴의 의식 속에서 로자가 역사의 안내자의 역할에 그치는 것은 두 가지 의미를 내포한다. 우선 그것은 퀜틴의 남성중심적 경향을 드러낸다. 로자가 들려주는 여성적 욕망과 좌절에 대해 무감한 태도는 남성 가부장 질서에서 여성의 모순된 위치에 대한 이해와 공감 부재를 나타내기 때문이다.[33] 그렇게 볼 때, 로자의 담론은 백인 남성 중심의 시각의 한계를 드러내는 기능을 하고 있다. 로자의 담론이 없었다면, 남부의 가부장적 사회가 여성에게 가하는 고통의 의미, 사회가 금기하는 여성적 욕망의 목소리, 그리고 그 사회의 억압과 한계 속에서도 여성이 이루어내는 통찰의 순간을 우리는 결코 알지 못할 것이다.

다른 한편, 퀜틴의 무반응은 부성적 인물의 탐구라는 과제에서 로자 담론이 지닌 한계와 관계있다. 부성적 인물의 죄악의 핵심은 헨리가 장자권을 포기하면서까지 사랑했던 본을 왜 살해해야 했는지, 그 살해가 의미하는 바가 무엇인지, 그리고 백인 가부장 사회에서 흑인으로서 살아가는 일이 어떤 것인지를 아는 것에 있다. 그런데 로자는 헨리의 살인 이유를 설명하지 못하고 있다. 로자는 본을 오

---

33) 퀜틴의 담론은 흑인인 본의 고뇌와 절망, 백인 하층민인 워시 존즈(Wash Jones)의 고통의 목소리를 잘 살려내면서도 여성이라는 타자의 목소리에는 무감하다는 혐의를 지우기 힘들다.

로지 낭만적 사랑과 결혼의 대상, 여성적 욕망의 성취의 대상으로만 구성하기 때문에, 흑인으로서의 그의 실체와 그의 고뇌를 알지 못한다. 본의 실체와 고뇌를 알지 못하는 것은 곧 섯펜의 계획이 함축하는 배제의 논리와 모순을 알지 못하는 것을 의미한다. 그리고 섯펜의 모순을 보지 못하는 것은 곧 남부의 역사의 모순을 알지 못하는 것을 의미한다. 남부 역사의 치명적인 모순을 보지 못하고 있을 뿐 아니라, 구남부의 사회를 이상화하고 무조건적으로 감싸 안는 맹목적인 애정을 드러내는 로자의 담론은 분명 상실된 명분 이념의 영향권 속에 있다. 그런 의미에서 로자의 담론은 부성적 실체를 탐구하는 과제를 수행하고 있는 퀜틴이 뛰어넘어야 할 측면을 가지고 있는 것이다.

B. 콤슨씨: 백인 남성 가부장의 귀족주의적 시각

남부 재건기의 무력한 남부 신사계층을 대표하는 콤슨씨는 몰락한 가문의 실패한 가장이다. 『소리와 분노』에서 그는 집안의 고통스러운 현실에 대면해서 허무주의, 패배주의, 냉소주의, 숙명론, 알코올중독을 통해 반응했으며 따라서 그의 아들들에게 긍정적인 정신적 유산을 남기지 못했다. 그는 아들들의 성장장애의 중요한 원인제공자였다.

그러나 앞에서도 말했듯이, 그는 부성적 존재라기보다 자기 아버지의 패배를 물려받은 아들의 위치에 있는 인물이다. 남부의 중요 가문 설립자였으나 패배한 장군이 되고 만 콤슨 장군의 아들로서 전후 1세대를 대표하는 인물인 그는, 어윈이 지적하는 것처럼 자신의 아버지 콤슨 장군의 실패와 패배주의에 의해 심리적으로 거세된 아들이다(67-8). 아무 것도 할 수 없다는 무력감과 패배주의 속에서 콤슨씨가 살아가는 것은 바로 아버지의 실패에서 기인하는 것이다.

　콤슨씨가 이런 심리적 거세로부터 벗어나기 위해서는 아버지 세대의 실패를 거부해야 한다. 실패를 거부한다고 할 때 그것은 실패를 인정하지 않는 행위와는 다르다. 아버지 세대의 실패의 의미를 정확히 알고 넘어설 때 실패를 거부할 수 있다.

　제퍼슨 마을에서 콤슨씨의 아버지 세대의 실패를 가장 가시적으로 보여주는 가문은 섯펜 가문이다. 섯펜은 구남부의 대농장주의 후발 주자이다. 그러므로 구남부의 지배적인 경제단위였던 대농장의 구축 과정이 그의 계획 성취과정 속에서 잘 드러난다. 그가 제퍼슨에서 노예노동력을 통해 대농장을 일으키고 왕국을 건설하는 것은 남부에서 '귀족계급의 상승과정을 보여주는 축도이자, 가문상승의 견본'이라 할 수 있다. 따라서 섯펜에 대한 이해는 곧 구남부의 중심부에 있던 아버지 세대에 대한 이해에 다름 아니다.

　그동안 콤슨씨의 이야기 행위에 대해서 여러 논의들이 진행되어 왔다. 어윈은 콤슨씨의 이야기 행위를 아버지에 대한 복수행위이자, 가장으로서 실추된 자신의 권위를 회복하기 위한 시도라고 해석한다 (67-8). 어윈에 의하면, 아무 것도 할 수 없다는 느낌을 남겨 준 아버지에게 복수하기 위해 아들인 퀜틴에게 '피할 수 없는 실패, 패배, 무력감'을 전수하는 한편, 시간성에서 앞서 있는 데서 오는 권위를 이야기하기를 통해 회복하려 한다는 것이다. 한편 분(Joseph Boone)은 콤슨씨의 이야기하기 행위를 현실의 문제를 회피하기 위한 수단이라고 본다(213). 그 외에 피어스는 콤슨씨를 가부장적 전설의 운반자로 해석한다(112). 그에 의하면 콤슨씨는 인정받으려는 로자의 탐색을 헨리의 살인사건에 대한 탐색으로 바꾸고 있으며, 그리하여 그는 '폭력적 소유, 노예제, 근친상간, 살인'을 합리화할 기초를 세운다는 것이다.

본고는 콤슨씨의 이야기 행위를 오늘의 현실이 '씨앗'의 형태로 잠들어 있는 '과거'에 대한 탐구, 아들이 있기 위해 필요했던 아버지 인물에 대한 탐구로 보고자 한다. 콤슨씨 역시 자기 아버지의 패배를 물려받은 아들이라고 볼 때, 그가 아버지의 패배를 물려받지 않으려면 아버지의 실체, 아버지의 패배의 원인을 정확히 알아야 하기 때문이다.

섯펜에 대한 해석과 관련하여 콤슨씨는 누구보다도 유리한 입장에 있다. 아버지 콤슨 장군이 섯펜과 맺은 남다른 관계 때문에 그는 섯펜에 대한 정보를 그 마을의 누구보다도 많이 가지고 있기 때문이다. 콤슨 장군은 이방인 섯펜이 낯선 마을인 제피슨 마을에 정착하여 대농장주로 서는 데 도움을 줌으로써 섯펜의 가장 절친한 '벗'의 위치에 있는 인물이다. 콤슨 장군이 아니었다면 섯펜이 제퍼슨 마을에 정착하지 못했을 정도로 콤슨 장군이 섯펜에게 준 도움은 결정적이었다. 그는 섯펜이 부도덕한 일에 연루되었다는 의심 때문에 구속

되었을 때 섯펜을 보증해서 풀려나도록 했으며 섯펜의 집이 완공되었을 때 가구 구입 등에 쓸 돈을 빌려 주겠다고 제의했고, 섯펜의 농장에 뿌릴 면화씨를 빌려 주었다. 섯펜의 집을 건축하던 프랑스 건축가가 힘든 노동과 역경을 못 이겨 탈출을 시도했을 때, 그를 찾아 나선 추격전에 동행한 것도 콤슨 장군이었다. 또 그는 남북전쟁 때 섯펜의 상관으로서 그와 같이 참전하기도 했다. 콤슨 장군과 섯펜의 우정이 어떻게 시작되었는지에 대한 구체적인 언급이 없지만, 섯펜의 여러 행동에 미루어 보아 그가 콤슨 장군과 벗하게 된 것은 그의 신중하고도 치밀한 계산에 의한 것으로 보인다. 그들의 관계의 출발이 어떻든지 간에 콤슨 장군은 섯펜에 대해 변함없는 공감과 이해를 지니고 있었던 것으로 보인다. 섯펜이 아무에게도 들려주지 않은 그의 과거의 이야기를 콤슨 장군에게만 털어놓고 콤슨 장군은 그의 이야기를 흥미롭게 듣는다는 사실이 이를 입증해 준다. 콤슨 장군은 공적인 영역에서 일어난 일 뿐 아니라 공적으로 알려지지 않은 사적인 비밀스러운 이야기에 대해서도 섯펜에게 직접 들어 알고 있는 것이다. 그러므로 아버지 콤슨 장군에게서 이 모든 이야기를 들어 알고 있는 콤슨씨가 가진 권위를 우리는 의심할 수 없다.

서술자로서의 콤슨씨의 유리한 점은 정보의 양적인 면에만 있지 않다. 많은 정보들을 다루어나가는 그의 태도 역시 독자에게 신뢰를 준다. 그는 대학 교육을 받고 고전 지식이 해박한 지식인으로서 역사적 사실들을 그 시대적 상황 속에서 객관적으로 전달하려는 성향이 있다. 본에 대해 이야기하면서 그가 묘사한 대로, "마취제를 맞은 개구리의 근육을 지켜보는 과학자처럼 거리를 두고 관심을 가지고"(93) 사물을 바라보려는 태도가 그 자신에게도 있다. 가령 그는 섯펜이 처음 제퍼슨 마을에 나타났을 당시 제퍼슨 마을의 규모를 정확히 서술하고, 섯펜이 성공을 거두어나가는 과정을 마을 사람들과의 관계 속에서 서술하며, 섯펜이 대농장을 설립하는 기간들을 정확한 수치로 명시한다. 저택이 완성된 후의 저택구조를 묘사할 때도 당시 대농장의 전형적인 모습으로 구체적으로 묘사하고 있으며, 로자와 섯펜이 만난 회수라든가 본과 쥬디스가 만난 회수 등을 수치로 나타내고 있다. 그리고 이야기하는 중간 중간에 빠진 부분을 인정하고, 인과관계를 고려한 추측 속에서 그 빠진 부분을 채워 넣으려 애쓴다. 뿐 아니라 그는 다른 사람이 보지 못하는 행동의 숨은 동기들을 포착하려 애씀으로써 그의 서술은 복합성과 객관성을 성취하는 듯이 보인다.

그러나 그럼에도 불구하고 그 역시 남부 사회의 구성원으로서, 그 사회의 지배적인 이데올로기의 영향권 내에 있다. 그는 백인 남성 가부장이라는 이데올로기적 위치 속에서 발언하고 있는 것이다. 따라서 그가 하는 이야기에는 그의 이런 이데올로기적 입장이 반영되어 있다. 본고는 그가 섯펜의 몰락에서 무엇을 어떻게 바라보며, 무엇을 놓치고 있는지에 대해 그의 이데올로기적 입장을 통해 설명하고자 한다.

섯펜이 처음 제퍼슨 마을에 나타났던 1833년 6월의 일요일 아침을 묘사하는 부분은 그의 이데올로기적 입장을 잘 보여주는 장면이다. 그가 묘사하는 1833년의 제퍼슨 마을은 대농장 신화가 보여주는 중심적인 이미지를 띠고 있다. "약간 귀에 거슬리지만 평화롭게 울려 퍼지는 교회 종소리"를 따라 "퍼진 치마를 입고 걷는다기보다 둥둥 떠다니는 것 같은 귀부인"(31)과, 단아한 복장을 한 남녀 아이들, 그리고 귀부인들과 아이들에게 양산을 받쳐주며 시중드는 집안 노예들, 그리고 남자들이 흔히 모이는 공공 집회장소에 어울려 있는 남자들. 목가적이고 평화로운 이 장면에는 가혹한 노예제와 엄격한 계급제도, 성적 불평등의 그림자가 드리워져 있지 않다. 하지만 제퍼슨 마을도 다른 남부 마을들과 마찬가지로 남부의 모순이 집결된 곳이라는 것은 주지의 사실이다. 따라서 목가적이고 전원적으로 제퍼슨 마을을 묘사하는 콤슨씨는 구남부의 대농장 신화를 따르고 있다고 할 수 있다.

그리고 이 평화로운 수채화 같은 장면에 낯선 이방인이 나타남으로써 이야기가 시작된다. 콤슨씨가 언급하는 이방인, 섯펜의 특징은 두 가지다. 하나는 뿌리가 없다는 것이고, 다른 하나는 목적이 알려져 있지 않다는 것이다. 사람들이 머물고 가는 일종의 여인숙인 호스톤 하우스(Hoston House), 법원 건물, 여섯 남짓한 가게, 대장간, 마구간, 살롱, 세 곳의 교회 등으로 이루어진 서른여 가구로 구성된 작은 마을에서 낯선 이의 모습은 금방 알려져 주목의 대상이 된다. 섯펜도 예외가 아니어서 사람들은 그의 행적을 호기심을 가지고 바라본다. 알려지지 않은 그의 과거에 대해서는 여러 추측들이 난무하는데, 콤슨씨가 묘사하는 마을 사람들의 추측에는 섯펜에 대한 묘한 신비화가 있다. 알려지지 않은 섯펜의 과거에 대해 로자는 부정적으로 묘사한 반면, 마을 사람들은 "용광로 같은 경험"(32)을 혼자 겪은 사람이라는 다소 낭만적이고 영웅적인 이미지로 그의 과거를 바라본다. 마을 사람들의 눈에 섯펜은 "자기가 선택해서" 고난을 겪었으며, 그 고난 외에 "보이지 않게 첨가된 고난"까지 겪은 인물이다(32). 섯펜의 이런 이미지는 건국조상들의 행로를 연상시킨다. "미지의 바다와 대륙을 건너와 황무지의 고난과 싸우면서 동시에 숨어 있는 상황과 운명과 싸웠던 옛 피"(86)와 섯펜의 피가 연결되는 것이다.

섯펜의 농장 건설과 재산 증식 과정에 대한 묘사는 마을 사람들과의 역학관계 속에서 역사적 정확성과 사실성을 가지고 이루어지는데, 이 부분에서도 섯펜의 자부심과 강철 같은 의지와 남성적인 강인함에 대한 긍정이 엿보인다. 섯펜의 농장 건설의 구성 요소는 넓은 땅과 웅장한 저택과 흑인 노예와 아내이다. 섯펜은 마을에서 가장 좋은 땅 100평방 마일을 치크쏘(Chicksaw) 인디언과의 거래를 통해 매입한다. 인디언과의 이 거래는 사기와 협박이 개입된 것 이외에도 그 땅을 양도하는 데 쓸 돈의 출처가 불분명한 약점을 안고있다. 마을 사람들이 그에게 적대감을 가지게 된 계기가 된 것이 바로 불분명한 출처를 지닌 돈이었다. 그런데 콤슨씨는 섯펜의 저택의 토대가 된 이 도덕적 모호함을 문제 삼지 않는다. 마을 사람들이 자신을 어떻게 생각하는가에 대해서는 전혀 관심이 없이 오직 "강하기만 하면 자신이 원하는 것을 얻는다는 냉혹한 규범(the ruthless Sutpen code of taking what it wantd provided it were strong cnough)"(120)을 따르는 섯펜을 로자는 부정적으로 보았지만, 콤슨씨는 그를 비판적으로 보지 않는다.

대저택의 건축 과정을 묘사할 때의 콤슨씨의 시각도 마찬가지이다. 콤슨씨는 섯펜이 프랑스 건축가를 속여서 데려왔을 뿐 아니라 가혹하게 그를 몰아세워 웅장한 저택을 지으려 한 태도를 계급 상승을 향한 천박한 욕구로 해석하지 않는다. 그는 열악한 상황 속에서 예술가적 장인 정신을 발휘한 프랑스 건축가를 높이 평가하는 한편, 웅장한 저택에 대한 섯펜의 욕구를 섯펜의 긍지로 해석한다. 콤슨씨는 "엄정하고 흔들림 없는 분노," "처녀지의 습지"에서 2년 만에 집과 정원을 "끄집어 낸" 강철 같은 의지의 측면을 강조해서 말한다 (40). 저택 완성의 결정적인 힘이었던 노예 노동을 묘사할 때에도 콤슨씨는 노예를 다루는 노예주로서의 섯펜의 잔인함을 부각시키지 않는다. 콤슨씨의 서술에서 섯펜도 거의 알몸이 되다시피 하여 노예와 함께 뒹굴면서 저택을 건축하며, 섯펜이 그들을 부릴 때 "잔인한 공포"를 통해서 부리지 않고 "모범"과 "관용"을 통해 그들을 부렸다고 묘사되고 있다(37). 그리고 섯펜이 하이티 섬에서 데려온 이 야생 흑인들은 제퍼슨 마을에 있는 집 노예들과 구별되게 묘사된다. 그들은 자신들의 언어를 가지고 있지 않는 원시적인 모습으로 묘사되는데, 이것은 섯펜의 지배를 정당화시키는 면이 있다. 원시적인 그들이 백인인 섯펜에게 정복당하고 부림당하는 것이 당연하게 여겨지는 것이다. 야생의 흑인들이 사냥개처럼 습지에 내 몰려서 담요 한 장 덮지 못하고 여름과 가을을 보낸 것에 대한 묘사도, 그들의 처참함을 강조하기보다 그들을 부리는 섯펜의 강인하고 신비한 힘을 강조한다. 와인스테인의 지적처럼, 이 야생 흑인들은 "섯펜의 무소불위한 힘"을 전달하는 역할을 하는 것이다(49). 이렇게 볼 때 콤슨씨가 흑인 노예노동을 바라보는 시각은 백인 농장주의 시각과 크게 다르지 않음을 볼 수 있다. 흑인이 인간으로 제시되지 않고 원시적인 존재, 백인에 의해 정복당하는 것이 당연한 존재로 그려지고 있는 것이다.

저택을 완성한 후 섯펜이 자신의 목표의 다음 단계로서 필요한 아내를 구하고 결혼하는 과정에 대한 콤슨씨의 묘사는 남부 가부장 사회에서 결혼의 의미, 아내의 의미를 잘 설명해 준다. 콤슨씨에 의하면, 섯펜은 "정원, 산책로, 노예들의 거처, 마굿간, 훈제소" 등을 갖춘 전형적인 대저택을 구축한 뒤, 3년간을 더 이상 원하는 것이 없는 듯한 모습으로 사람들을 초대하여, "사냥, 카드놀이, 술, 격투" 등을 즐겼다(40). 그러나 섯펜의 마음속에는 언제나 목표를 향한 계산이 작동하고 있는바, 그것은 바로 아내감과 장인감의 물색이었다. 그가 사람들을 자신의 집으로 초대한 것도 마땅한 혼처를 구하기 위한 그 나름의 계산 때문이었다. 그에게 있어 결혼은 "가축이나 노예를 사러 멤피스 시장에 가는 일"(42)과 다름없는 일로 묘사되고 있다. 아내는 "가축이나 노예"처럼 신중하게 계산해서 구매될 수 있는 존재이며, "구매"된 아내는 그 자신에게는 없는 "체면(respectability)"의 외양과 내용을 채워주는 존재여야 했다. 즉 그의 아내감은 마을에서 인정받는 깨끗한 이름을 지닌 아버지를 둔, 흠 없는 백인 여성이어야 했다. 섯펜이 보기에 이런 조건을 충족시키는 인물은 콜드필드 씨의 딸 엘렌이었다.

섯펜과 콜드필드씨는 모종의 무성식한 일에 대한 개입과 친족 관계로 인해 매우 긴밀한 관계를 유지하게 된다. 그러나 이 관계는 이방인 섯펜이 마을에 정착하는데 유용하게 이용되기 위한 것이었기 때문에, 섯펜이 정착된 뒤 이 관계는 냉정하게 단절된다. 섯펜은 엘렌과 결혼할 무렵 마을 사람들의 "공공연한 적(a public enemy)"(43)이었으므로 마을에 정착하기 어려운 상황에 놓여 있었다. 그와 마을 사람들 간의 적대감은 출처가 불분명한 재산 때문이었다. 도덕적으로 투명하지 않은 재산 증식에 대해 마을 사람들이 반감을 가졌다는 것은 그 마을이 도덕성을 지향하는 사회라는 것을 함축한다. 하지만 섯펜은 콜드필드씨와 콤슨 장군의 보증으로 혐의를 벗고 엘렌과 결혼한 후 성공적으로 정착하는데, 이 점으로 미루어 그 마을의 도덕성이 섯펜의 "기회주의와 약탈주의"와 타협된 것임을 알 수 있다. 그리고 이 타협에 책임 있는 사람은 양심적이라 알려진 콜드필드씨와 마을의 지배계급에 속한 콤슨 장군이다.

그런데 콤슨씨는 이 지점에서 이 타협을 문제 삼지 않는다. 그는 섯펜이 가진 카리스마적 힘을 더 강조한다. 섯펜은 "어떤 잘못을 저지르든지 간에 사람들로 하여금 그 잘못을 용서하게 하는 힘을 가지고 있는 자," "때와 장소만 주어지면 무슨 일이라도 할 수 있을 것 같은 얼굴"(46)을 하고 있는 자로 묘사되고 있는 것이다. 그의 그런 카리스마적 힘은 체포될 때의 모습이나 풀려날 때의 모습을 통해 잘 표현되고 있다. 그는 체포되는 위기의 순간에나, 풀려나는 해방의 순간에나 언제나 자신감 넘치고 당당한 태도를 취하며, 사람들의 어떤 반응에도 동요하지 않는 단단함을 가진 인물로 묘사되는 것이다. 이에 반해 마을 사람들은 쉽게 분노하고 쉽게 흩어지는 모습으로 묘사되고 있어서 섯펜과 마을 사람들의 관계는 마치 영웅 / 난쟁이의 관계 같은 대조를 보인다. 이는 보통 사람들인 마을 사람들에 대한 경멸을 나타낸다는 면에서, 그리고 초인적이고 거대한 의지를 가진 인물을 높이 평가한다는 점에서 콤슨씨의 귀족주의적 시각을 반영한다고 할 수 있다.

　그의 이런 시각은 섯펜의 성공을 묘사하는 장면에서도 마찬가지로 적용된다. 콤슨씨의 표현을 빌자면, "집에 채워 넣어야 할 가장 중요한 기구"(51)였던 결혼 증서를 채워 넣은 그는 이제 승승가도를 달린다. 결혼한 후 약 20여 년간을 그는 성공을 누린다. 결혼한 후 10년이 지났을 때, 그는 "마을에서 가장 부유한 토지 소유주이자 농장주"가 되어 있다. 이제 그는 "사람들의 거부를 당하거나 곤란을 겪기엔 너무 돈을 많이 가지고 있다"(72)고 묘사된다. 그가 얼마나 극적으로 성공을 거두었나 하는 것은 그가 체포될 때 그를 체포했던 사람들 중 한 명의 아들을 자기 농장의 감독관으로 둔 사실로 충분히 드러난다. 그는 성별과 연령 면에서 자기 계획에 너무나 맞아 보이는 아들, 딸을 두어 그야말로 전성기를 구가한다고 묘사된다.

　콤슨씨는 그가 이렇게 부를 증식시킨 과정도 그가 농장을 건설할 때와 같았다고 묘사한다. 콤슨씨가 언급하는 섯펜의 성공의 전략은 "꺾을 수 없는 외골수의 노력"과 "마을 사람들의 시선을 의식하지 않는 담대함"(72)이다. 여기서 섯펜이 마을 사람들의 시선을 의식하지 않는 것은 사람들의 편견과 오해와 질투로부터 자유롭고 인습에서 자유롭기 때문이라기보다, 사람들을 불신하고 경멸하기 때문인 것으로 보인다. 사람들이 그를 좋아하거나 사랑하지 않고 그를 두려워했다는 것, 그리고 그가 이것을 즐겼으며, 그것이 초래한 '고독'을 전혀 아랑곳하지 않았다는 것은 섯펜의 오만을 알 수 있게 한다. 콤슨씨는 섯펜이 사람들을 경멸하고 오만한 자의 위치에 자기를 두는 이런 태도를 비인간적이라고 보기보다 영웅적인 면모로 해석하려는 경향을 보인다. 이는 보통 사람들을 무시하는 그의 귀족주의적 성향을 반영한다.

이처럼 섯펜의 대농장 구축과정과 성공을 바라보는 콤슨씨의 시각은 섯펜의 강인한 의지, 남성적 힘을 찬탄하는 시각을 드러내고 있다. 콤슨씨는 무에서 자기 혼자의 힘으로 이 모든 것을 이룬 존재, 타인의 도움을 받지 않고 타인을 의식하지도 않고 불굴의 의지로 성공을 이룬 존재, 그리고 이보다 더 적은 것에는 만족하지 않는 큰 야심을 지닌 존재인 섯펜을 감탄의 눈길로 바라보는 것이다. 그리고 섯펜이 자기 자녀에게 이름을 손수 지어주었다는 언급 속에서는 존재의 기원으로서의 절대자적인 모습을 섯펜에게서 부각시킨다. 콤슨씨는 섯펜의 성공이 그저 운이 좋아서 가능한 것이 아니라, 그가 강했기 때문에 가능했음을 강조하는데, 이는 남성적 힘과 능력에 대한 찬탄에 다름 아니다.

그런데 다른 한편으로 콤슨씨는 섯펜의 무력함을 강조하는 시선을 가지고 있다. 섯펜이 무력한 것은 시간에 매인 유한적인 존재, 운명에 종속된 존재라는 사실에서 기인한다. 콤슨씨는 섯펜의 성공을 그의 강인한 의지가 이끌어 낸 산물이라고 보면서, 다른 한편으로 그것이 운명이 파국 전에 베풀어 준 선물 같은 것으로 해석한다.

…… 자신의 전성기 역시 강요된 개화라는 것, 그가 관객에게 그 장면을 연기하고 있는 동안에도 그 뒤에선 운명, 보복, 아이러니—무대감독이라 뭐라 부르던 상관없다—가 이미 그 배경을 내리고 가짜의 종합적 그림자와 다음 장면의 모양을 끌어내리고 있었다.

…… he was unaware that his flowering was a forced blooming too
　　and that while he was still playing the scene to the audience, behind
　　him Fate, destiny, retribution, irony－the stage manager, call him what
　　you will－was already striking the set and dragging on the synthetic
　　and spurious shadows and shapes of the next one(72－3).

인생을 무대에 비유하고, 사람의 일생을 정해진 역할을 하다가 사라지는 것에 비유한 스토아 철학의 영향을 반영하는 그의 이 말은 섯펜 역시 운명의 희생자라는 생각을 함축하고 있다.

섯펜의 영웅적 면모와 초인적 힘을 강조하는 태도와, 운명의 희생자로서의 모습을 강조하는 태도는 겉으로 보아 대조적인 태도인 것처럼 보인다. 하지만 그것은 섯펜의 가해자적인 측면, 섯펜의 죄악을 보지 못하게 한다는 의미에서 동일하다. 영웅적 면모를 부각시키는 것은 과거의 인물을 바라보는 그의 낭만적 시각을 보여주는 동시에 그 영웅적 인물 배후에 있는 폭력과 차별에 대한 그의 무관심을 드러낸다. 그리고 그를 운명의 희생자로 보는 태도는 그의 몰락이 그 자신의 잘못이나 죄악과 관계있다기보다 운명 때문에 일어난 것으로 여겨지게 한다. 그런 의미에서 그의 이런 시각은 결국 상실된 명분 이데올로기와 같은 일을 하는 셈이다.

섯펜의 몰락은 그의 계획에 필수 항목인 헨리가 장자권을 포기하는 형식으로 시작되어 헨리가 살인 사건을 저지르는 것을 통해 결정적인 진행을 밟게 된다. 그런데 헨리의 장자권 포기 사건과 헨리의 살인 사건은 동일 인물에 대한 극과 극의 반응을 포함하므로 두 일의 연관 관계는 풀어야 할 미스테리로 남아 있게 된다. 즉 두 사건은 본이라는 인물에 대한 애정과 적의라는 상반된 반응을 함축하고 있는 것이다. 그러므로 본이라는 인물의 정체 해석, 즉 본과 섯펜의 관계, 본과 헨리, 주디스의 관계 해명이 이 미스테리를 푸는 데 결정적이다.

콤슨씨는 섯펜의 결혼 금지 이유와 헨리의 장자권 포기의 동기를 설명하기 위해, 헨리로 하여금 장자권까지 포기하도록 만든 친구 본의 카리스마적 매력과, 헨리 자신이 추진한 본과 주디스의 사랑에 대해 서술한다. 대학에서 처음 시작된 헨리와 본의 우정은 동성애적인 함축이 있고, 헨리와 주디스 사이에는 근친상간적 사랑의 뉘앙스가 있다.

헨리와 본의 우정은 헨리가 거의 일방적으로 본에게 이끌리면서 시작되었다고 콤슨씨는 말한다. 본은 헨리의 유혹자인 동시에 헨리의 사고방식과 행동방식을 교정해 줄 "스승(mentor)"(110)이었다고 묘사된다. 그래서인지 본은 낭만적이고 신비적인 색채를 띤 인물로 그려진다. 시골 태생에다 청교도적 기질이 강하며 대학에 오기 전까지 이질적인 경험에 노출된 적이 없는 헨리는 모든 면에서 자신과 대조적인 본에게 이끌리게 된다. 뉴올리언즈 도시의 부유한 계급출신인 미남청년 본은 새로 생긴 조그만 지방대학에서는 눈에 띄는 존재이다. 본에게는 윤택하고 세련된 생활환경에서 자라난 멋있는 태도가 배여 있다. 개인 소유의 말을 타고 다니거나, 프렌치 코트와 모자를 갖추어 입고 캠퍼스를 거닐거나, 화려한 여성적인 가운을 입고 햇빛 잘 드는 창가에 비스듬히 기대어 누운 그의 모습은 부유한 귀족 계급에게서 볼 수 있는 여유와 세련된 태도가 있다. 또래들보다 많은 나이가 그를 두드러지게 하기도 하지만, 그보다 다양한 경험(특히 여성과의 경험)이 그를 매우 노숙하게 보이게 하고 동시에 동료 학생들의 선망의 대상이 되게 한다.

본은 여러 모로 헨리를 포함한 동료 학생들과 다를 뿐 아니라, 섯펜과도 매우 대조적인 인물로 나온다. 확고한 목표를 설정하고 그 목표 달성을 위해 한시도 경계를 풀지 않으면서 일하며, 목표를 위해서는 어떤 수단과 방법을 가리지 않는 섯펜과 달리 그는 나태하고 무관심하고 수동적이며 방관자적이다. 그의 편안한 매너와 호화로운 태도에 비하면, 섯펜의 뽐내는 오만이 "서투른 허세"처럼 보이고, 헨리는 "덜 떨어진 사람"같다고 진술되고 있다(74). 또 본의 세련됨에 비하면 헨리와 섯펜은 "유인원"같다고 진술된다(93). 본의 세련됨은 그저 걷고 말하고 옷 입는 방식과 같은 겉으로 드러나는 외모에서 기인하는 것이라기보다, "운명론적이고 꿰뚫을 수 없는 침착한 자세," "다소 자제된 불굴의 비관주의(a certain reserved and inflexible pessimism)"(94)와 같은 인생에 대한 태도에서 기인하는 것이라고 콤슨씨는 묘사한다. 콤슨씨가 헨리와 섯펜 부자 / 본의 대조를 강조하는 것은 미시시피 주의 작은 시골인 제퍼슨 / 감각적이고 이국적인 도시 뉴올리언즈의 지역적 차이를 나타내는 것인 동시에, 대농장주의 후발주자인 섯펜 / 그 이전에 자리잡은 귀족 계급의 차이를 드러내기 위한 것으로 보인다. 그 당시 멀리 떨어져 있던 미시시피 주 사람들이 보기에 귀족 계급인 본은 거의 사람의 아들같이 보이지 않았을 정도로 세련되고 멋있게 보였을 것이라고 콤슨씨는 서술한다.

어린 시절을 거치지 않고 어느 여인에게서도 태어나지 않았으며, 시간에 영향받지 않고 사라질 때도 뼈라든가 먼지를 남기지 않는 거의 불사조 같은 인물 ……

a personage who in the remote Mississippi of that time must have appeared almost phoenix-like, fullsprung from no childhood, born of no woman and impervious to time and vanished, leaving no bones nor dust anywhere …… (74)

그런데 콤슨씨의 본 묘사에는, 이와 같이 인간조건을 초월한 듯한 모습에서 느껴지는 세련됨과 더불어, 인간조건이 없기 때문에 느껴지는 '실체 없음'이 존재한다.

그는 모든 다른 직선적이고 논리적인 것 배후에서, 그리고 그 위에서 거의 실체가 없는 그림자 같은 모습으로 떠돌고 있는 듯이 보인다.

He seems to hover, shadowy, almost substanceless, a little behind and above all the other straightforward and logical …… (93)

꿰뚫을 수 없는 그림자 같은 인물의 일반적인 특성이었던 것처럼 보이는 그 냉소적이고 놀란 듯한 역겨움을 가진 본. 그렇다. 그림자 같고, 하나의 신화와 같고 유령과도 같다.

Bon with that sardonic and surprised distaste which seems to have been the ordinary mainfestation of the impenetrable and shadowy character. Yes, shadowy: a myth, a phantom …… (104)

본은 이처럼 '그림자,' '실체 없는 존재,' '유령'에 비유되고 있고 이 비유는 현실 사회에서 그가 자리할 위치가 없음을 나타내는 것이라 할 수 있다. 이렇게 볼 때 콤슨씨가 서술하는 본의 모습은 뉴올리언즈의 지역적 특성과 귀족 계급적 특성을 강하게 지니는 동시에, 그런 현실조건에서 배제된 실체 없는 존재의 모습을 띠고 있다고 할 수 있겠다. 콤슨씨의 이런 묘사는 본의 정체를 매우 정확히 꿰뚫은 것이라 할 수 있다. 귀족 계급의 환경에서 호화롭게 자라지만, 실은 흑인 피를 가지고 태어난 본의 이중적인 모습이 콤슨씨에 의해 정확히 묘사되고 있는 것이다. 그러나 콤슨씨는 자신의 묘사가 함축하는 바를 정확히 알지 못한 채 헨리와 쥬디tm와 본에 대한 이야기, 헨리와 섯펜의 갈등에 대해 이야기를 구축해 나간다.

콤슨씨의 담론에서 본과 헨리의 애정은 동성애적인 욕망을 함축한다. 본을 거의 우상 내지 영웅으로 여기는 헨리의 감정은 단순한 숭배를 넘어선다. "젠더가 같기 때문에 극복될 수 없는 장애"(95)라는 표현이라든가, "누이, 정부, 신부"로 변신해 들어갈 수 있다면 그에 의해 순결을 빼앗기고 싶다고 하는 그의 생각(95)은 동성애적 결합 욕구를 강하게 시사한다. 그런데 동성애는 남부 가부장제 사회에서 금기된 욕망이다. 헨리의 동성애적 감정은 아버지 섯펜의 가부장적 가문 설립 계획을 파괴할 수 있는 매우 위협한 욕망인 것이다. 그러므로 이 욕망은 헨리의 의식 이전의 무의식의 차원에서만 작동하며, 누이라는 매개를 필요로 한다. 헨리는 누이인 주디스로 하여금 본을 사랑하도록 유혹한 뒤 누이를 통해 본과 결합하려 했다는 것이 콤슨씨의 설명이다.

헨리가 주디스를 유혹하여 본과 맺어질 수 있게 한 데에는 두 남매간의 특별한 관계 때문에 가능한 것으로 콤슨씨는 서술한다. 그런데 그들의 특별한 관계는 『소리와 분노』에서 퀜틴과 캐디의 남다른 관계와는 좀 성격이 다르다. 캐디에 대한 퀜틴의 근친상간적 욕망은 그들 둘만의 절대적인 관계를 지향하는 반면, 주디스에 대한 헨리의 욕망은 찰스 본이라는 제 삼자를 향한 욕망이며, 그 삼자에 의해 완성되는 욕망이다. 헨리와 주디스 사이에는 성적인 이끌림이 없으며, 두 사람은 '연인'이라기보다, 같은 토양에서 자라 같은 운명을 지닌 쌍둥이 같은 존재다. 그들을 묶는 유대감은 성적 이끌림에서 오는 것이 아니라 "부서진 연대," "사막 섬"같이 고립과 시련을 주는 환경 때문에 생긴 것이다. "몸은 둘이나 성격은 하나"(91)라고 묘사되는 두 사람의 감정은 따라서 서로를 향하기보다, 동일한 한 사람을 향할 가능성이 더 많고, 이 동일한 사람이 바로 본이었던 것이다.

콤슨씨는 헨리와 주디스와 찰스 본의 관계에서 헨리와 본의 관계를 중심적인 관계로 놓고 주디스는 그들의 관계를 완성시켜 줄 매개로 본다. 콤슨씨에 의하면 본의 실제 사랑의 대상은 헨리이고, 주디스는 헨리에 대한 사랑을 담는 그릇에 불과하다. 그리고 주디스는 본에게 매우 손쉽고 철저하게 유혹당한 것으로 묘사된다. 본은 "꿈꾸는 처녀"였던 주디스를 "손가락 하나 까닥하는 의지도 발휘하는 법 없이"(104) 손쉽게 유혹했고, 마음만 먹으면 얼마든지 주디스와 결혼할 수 있다는 확신을 가질 정도로 철저하게 유혹했다고 콤슨씨는 묘사한다.

사실 주디스와 본의 관계에 대해 묘사할 때 콤슨씨는 로자의 경우와 마찬가지로 낭만적인 사랑 이야기로 채색한다. 그러면서 로자가 말하지 않은 부분인 본의 계급적인 매력을 강조한다. 부유한 귀족 계급의 청년으로서 본이 가진 계급적 매력은 엘렌을 통해 특히 강조되고 있다. 콤슨씨는 엘렌이 얼마 안 되는 기간 동안 딸 주디스와 본을 엮어보려고 애쓰는 모습을 묘사하고 엘렌에게 있어 본의 존재 의미를 매우 현실적인 시각으로 지적하고 있다. 콤슨씨에 의하면 엘렌에게 있어 본의 의미는 주디스가 입을 옷, 자기들의 집과 위치를 완성시켜 줄 가구, 아들 헨리의 소박한 매너와 말투, 옷차림을 교정해 줄 스승 내지 모범일 뿐이지 살아 있는 존재가 아니었다고 언급한다(75). 그의 이 말은 엘렌의 속물성을 강조하는 동시에 당시 통용되던 결혼의 의미를 정확히 지적하고 있다.

사랑을 낭만적으로 바라보면서도 계급적인 차원을 정확히 인식하는 콤슨씨의 이런 시각은 로자와 달리 현실적인 시각을 확보한 듯이 보인다. 현실에 대한 그의 고려는 찰스 본과 주디스가 실제 만난 기간들을 꼼꼼히 따져보면서 그 짧은 기간 동안 사랑이 가능했겠느냐는 질문을 던져보는 태도에서도 잘 나타난다.[34]

---

34) 그는 본이 두 번의 방학동안 오빠의 손님으로 왔으나 두 사람은 말 타고 사냥하는 등의 남싱직 활동에만 빠져 있었기 때문에 본과 주디스가 적절히 구애할 시간이 없었을 것으로 추측한다. 그리고 이 년간 같은 장소에 머문 것은 고작해야 십칠 일이고 그중에서 서로 만난 횟수는 세 번밖에 안 된다고 정확한 수치를 가지고 콤슨씨는 정황을 따져본다. 그리고 그들이 실제로 서로에 대한 이해와 사랑에 이를 수 있었던 기간은 1860년 6월, 본이 고향에 가기 전에 잠시 들른 이틀간뿐이었다고 콤슨씨는 말한다. 이런 식의 꼼꼼한 추론은 과거의 사건을 정확하고 사실적으로 복원하려는 태도를 반영한다.

하지만 콤슨씨가 주디스와 본의 관계를 바라보는 시각은 철저히 남성적이다. 그는 남성적인 시각의 한계로 인하여 여성의 욕망, 여성의 내면을 알 수 없다. 로자가 낭만적인 사랑에 대해 이야기하는 가운데 표출하는 육체적인 욕망을 콤슨씨는 결코 알지 못한다. 그는 본의 시각에서만 이야기하면서 주디스를 대상화시킨다. 주디스를 두 사람의 매개, '그릇'으로만 본다든지, 주디스가 본에게 일방적으로 이끌린 것으로 묘사하는 태도는 주디스를 실체를 가진 존재로 보지 않는 시각을 반영한다. 그가 주디스의 실체를 인정하지 않는 태도는 주디스에게서 육체적인 열정을 부인하는 것으로 나타난다. 가령 헨리가 집 나가기 전 여름, 본과 주디스의 사랑이 꽃피게 되었으리라 추측되는 여름날을 묘사하는 대목에서 그는 두 연인을 "그림자," "맑고 고요하고 유령 같은 모습"(104)으로 묘사되고 있다. '그림자'와 '유령'의 특징은 실체를 가지지 않았다는 점이다. 그렇게 볼 때 이 대목은 두 연인의 몸의 실체, 몸의 열기를 부인하는 묘사이다.

콤슨씨가 연인들에게서 육체적인 열정을 부인하는 것, 특히 그중에서도 주디스의 육체적 욕망을 부인하는 것은 여성에게서 순결과 모성애만 강조할 뿐 육체적 욕망은 지우게 한 귀부인 이데올로기를 반영하는 것이다. 콤슨씨는 남부사회가 기대하는 백인 여성의 모습대로 주디스를 생각하는 것이다. 콤슨씨는 엘렌, 로자, 로자 고모에 대해 부정적으로 묘사하는 것과 달리 주디스에 대해서는 우호적으로 묘사한다. 그가 주디스를 긍정적으로 보는 근거는 사랑과 관련한 주디스의 태도와 고통을 견디는 주디스의 태도에 있다. 그는 주디스가 사랑을 솔직하게 받아들이고 그 사랑에 충실한 것, 이유도 모르면서

떠난 본을 5년이나 기다려 왔다는 것을 긍정적으로 생각한다. 그리고 전쟁기간 동안 죽은 어머니, 전장에 나간 아버지, 행방을 모르는 오빠를 대신해서 집을 지킨 것, 청춘과 사랑을 잃었으나 과도하게 슬퍼하지 않고, 헤아릴 길 없는 침착함을 가지고 견디는 것을 콤슨씨는 바람직하게 여긴다. 콤슨씨가 긍정적으로 여기는 주디스의 이런 자질들은 남부 가부장 사회에서 이상적으로 생각하던 여성상인 남부 귀부인의 자질들과 동일한 것이다. 순결한 사랑, 한 사람에게만 순정을 바치는 사랑, 기다리는 인내, 고난을 견디는 강인한 힘 등은 바로 남부의 남성들이 백인 여성에게 바라던 자질들인 것이다. 그렇기 때문에 콤슨씨는 주디스의 차분하고 고요한 태도 배후에 있는 사랑의 열정과 내면의 고통에 대해서는 꿰뚫지 못한다. 곧 귀부인의 위치에 서게 될 백인 처녀의 위치에서 노처녀, aunt라는 주변부의 위치로 내려온 그녀가 품음직한 마음의 갈등을 콤슨씨는 상상할 수 없다.

콤슨씨의 주된 관심은 여성들의 내면이 아니라 남성들의 내면에 있다. 헨리와 아버지의 부자 갈등, 헨리와 본의 우정과 반발의 드라마에 그의 관심이 집중되고 있는 것이다. 이는 남성중심적인 그의 시각을 반영한다. 섯펜과 본의 관계에 대한 그의 서술은 두 사람의 관계의 매우 핵심적인 측면을 함축하고 있다. 이는 헨리와 본의 관계를 서술할 때 자기도 모르게 드러낸 진실, 즉 본의 존재 조건이 안고 있던 이중성(귀족계급이면서도 흑인이기 때문에 실체가 없는 측면)을 이야기할 때와 같은 상황이다. 그는 섯펜의 입장에서 본을 보았을 때 느꼈을 감정을 묘사하면서, 섯펜이 처음 본을 보았을 때부터 그를 알아보았다는 것, 그리고 그를 위협적인 존재로 보았다는 것을 강조한다. 콤슨씨에 의하면, 섯펜에게 있어 본은 "자기의 오랜 고생과 야심이 이루어 낸 승리에 찬 대관식에 대한 잠재적인 위협(a potential threat to the (now and at last) triumphant coronation of his old hardships and ambitions)"(102)과 같은 존재였다. 섯펜이 본을 얼마나 위협적으로 느꼈나 하는 것은 평소와 다른 그의 반응을 통해 제시된다. 즉 용감하고 자신만만했기 때문에 정면 돌파를 선택하고 좀처럼 남의 뒷조사를 하지 않던 섯펜이 본의 뒷조사를 위해 600마일이나 떨어진 먼 곳을 다녀온 것이라든지, 혹은 자기의 목표를 위해 필요하다면 사실을 조작하기까지 하던 섯펜이 이번에는 기다리기만 한 것은 섯펜의 위기의식의 정도를 보여준다.

섯펜이 본에 대해 느끼는 이런 위협은 본이 섯펜의 계획에서 배제되어야 하는 인물이었음을 감안할 때 매우 의미 있는 시사점을 함축하고 있다. 그런데 콤슨씨는 본이 섯펜에게 위협적인 존재였다는 것만 시사할 뿐 본의 어떤 면이 섯펜에게 그렇게 위협적이었는지를 해명하지 못하고 관점을 다른 방향으로 돌린다. 콤슨씨는 본의 위협성을 주디스와 헨리와의 관계 속에서만 설명하고 있다.

콤슨씨의 설명에서 본이 섯펜 집에 받아들여질 수 없는 이유는 이중혼의 문제, 즉 뉴올리언즈에 있는 그의 흑인 정부와 아들의 존재 때문인 것으로 해석된다. 그러므로 헨리와 본의 갈등은 아버지 섯펜과 관계있는 것이 아니라, 본의 실체 / 외양의 차이 때문에 발생되는 것으로 구성된다. 말하자면 "혈연의 이득"까지 버리고 선택한 벗, "사랑과 명예"를 믿어 의심치 않는 벗이 실제로는 그렇게 고상하지 않은 존재였다는 발견이 헨리에게 가장 상처가 되고 고통이 되는 것으로 구성되게 되는 것이다.

그러므로 콤슨씨가 중심적인 위기의 장면으로 설정하는 것은 헨리가 본과 함께 뉴올리언즈로 가는 여행이다. 그 여행은 헨리로 하여금 그가 선택한 사랑과 명예의 실체를 확인해 주는 의미를 지닌다. 뉴올리언즈의 여행은 시골의 청교도적 전통에서 자라난 순진한 청년이 이국적, 감각적, 퇴폐적인 도시로 떠나는 여행이고, 그 여행길에서 청년을 인도하는 본은 '순진한 청년'을 '타락'으로 인도하는 스승이 된다. 콤슨씨가 공들여 묘사하는 이 부분에서 콤슨씨는 시골의 청교도적 환경 / 뉴올리언즈의 환경 사이의 대조와, 헨리가 받은 심리적인 충격을 부각시킨다. "유머감각이 없는 완강한 촌놈"으로 시골 마을에서 자기 부류의 사람들과 어울리며 소박하고 단조로운 삶을 살아왔던 헨리는 이질적인 환경에 접해 본 적이 없다. 그래서 그는 자신이 물려받은 청교도 유산에 "신뢰"를 가지고 있고(111), "자기 지식에 안정감을 지닌" 태도를 보인다. 그런 그가 건축 모양에서부터, 사람들의 옷차림, 생활양식에 이르기까지 관능적이고 감각적인 도시, 뉴올리언즈로 왔고, 뉴올리언즈 중에서도 "낯붉힐 줄 모르는 감각이 만들어 낸 장소"(114)인 매춘부의 집 앞에 이르게 된다. 그 집 문 앞에 선 헨리의 모습은 자기가 경험하지 못한 금기의 세계로 통하는 문 앞에 선 모습이다. 그 문을 통과하는 것은 곧 관능과 쾌락이라는 성의 세계로 입문하는 것이다. 그런 의미에서 그것은 그의 성적인 통과의례라 할 수 있다.

헨리의 청교도적 성 관념으로는 "관능을 위해 관능에 의해 만들어진" 그곳이 "모든 도덕성이 뒤집히고 명예가 없어진 곳"(114)으로 보인다. 헨리는 관능 / 도덕성의 대립 항에서 갈등하고, 이것은 곧 벗을 부인하느냐 / 청교도적 교육과 사고를 부인하느냐의 갈등으로 연결된다. 그리고 그 관능의 장소 한가운데 앉아 있는 여자, 찰스 본의 정부는 헨리가 알던 여성의 범주를 벗어난 존재다. 헨리는 그동안 오직 숙녀, 매춘부, 여자 노예의 세 범주만 알아 왔다. 남부사회에서 여성들의 삶의 조건들을 반영하는 이 범주는 폐쇄적이고 분명하게 구별되는 범주이다. 그런데 헨리가 만난 그 혼혈 정부는 이 세 가지 범주에 다 걸쳐 있는 존재다. 그녀는 백목련같이 흰 얼굴을 가지고 우아한 모습을 지녔다는 점에서 숙녀와 비슷하고, 1 / 8의 흑인 피를 가졌다는 점에서 흑인으로 규정되며, 관능성과 육체적 쾌락을 위해 매매된다는 점에서 창녀이다.[35]

콤슨씨의 서술에서 헨리는 그 집안의 풍경과 혼혈정부의 존재에 의해 충격을 받지 않으려고 의식적이고 의지적으로 노력하는 모습을 보이나, 내면에 결정적인 타격을 받은 것으로 묘사된다.

결정적인 일격, 타격, 접촉이라 하는 것은 외과의사의 뼛속을 찌르는 듯한 처치와 마찬가지여서, 충격을 받은 환자의 신경은 그것을 느

---

[35] 이렇듯 남부 사회의 여성의 범주를 넘어서는 혼혈 여성과 그 아들의 존재는 비극적이다. 하지만 콤슨씨는 혼혈 여성의 비극적인 존재 조건을 깊이 있게 부각시키지 않는다. 그는 찰스 본의 입을 통해, "남성 욕망을 채울 그릇"으로 혼혈 여성을 묘사하는 데 그친다. 즉 혼혈 여성은 "백인 천사의 얼굴, 창녀의 나긋함, 공주 같은 태도, 개의 충실함"을 갖춘 존재로 재현되고 있을 뿐인 것이다(Diane Roberts 100).

끼지 못하고, 최초의 강렬한 충격이 마구잡이의 난폭한 것임을 모르
는 것과 같았다.

> ...... the final blow, stroke, touch, the keen surgeonlike compounding
> which the now shocked nerves of the patient would not even feel, not
> know that the first hard shocks were the random and crude(113).

헨리가 느낀 비탄과 공포의 원인을 콤슨씨는 우상으로 여기던 존
재, 동일시의 대상에 대해 숭배자가 느끼는 환멸로 해석한다. 본이
혼혈 정부를 통해 아이를 낳았다는 사실 자체는 남부 농장의 관습으
로 미루어 그렇게 충격적인 일이 아니었다고 콤슨씨는 말한다. 왜냐
하면 헨리 자신의 집에도 아버지와 흑인 노예 사이에 난 혼혈 형제
들이 있었고, 또 자신과 같은 백인 아들들이 흑인 노예들을 통해 성
적 욕망을 표출하는 일이 통례적인 일이었기 때문이었다. 그보다 본
의 이중혼은 누이를 '정부'처럼 대한 것을 의미하게 되고, 그것은 또
본을 '명예와 원칙'이 없는 '나쁜 사람'임을 나타내는 것이 되므로
헨리는 충격을 받았다고 묘사된다. 헨리의 충격은 그가 본을 얼마나
이상적으로 보았는가를 역으로 드러낸다. 이렇게 볼 때, 헨리의 갈등
은 피유혹자가 유혹자에 대해 느끼는 환멸의 문제, 혹은 아이가 이
상적이라 믿어온 어른에게서 느끼는 환멸의 문제이나.

> 그건 옳지 않아. 아무리 네가 옳은 것처럼 만들어도 아니야. 아무리
> 그래도 소용없어.

It's not right. Not even you doing it makes it right. Not even you(118).

본이 옳지 않다는 결론을 내렸다는 것은, 헨리가 아버지의 집을 거부한 명분인 '사랑과 명예'가 본에게는 존재하지 않음을 의미한다. 그러므로 콤슨씨의 논리대로 하자면, 헨리의 본 살인 사건은 이상적 대상, 동일시의 대상에 대한 환멸 때문에 일어나는 것이 된다. 그렇게 되면 그것은 남부의 역사와 직접 관련이 없는 보편적인 갈등 상황으로 해석된다.

역사에서 구체적인 맥락을 제거하고 보편화시키려는 그의 태도는 남북 전쟁을 바라보는 시각에서도 나타난다. 콤슨씨는 남북 전쟁을 노예제 문제와 관련한 남과 북의 갈등으로 바라보지 않고 추상화시키고 상징화시켜 바라본다. 그에 의하면 남북 전쟁은 본과 헨리의 고조된 갈등을 연기시키는 앤티클라이막스(anti-climax)인 동시에 인간의 어리석은 우행을 나타내는 사건에 불과하다. 헨리의 마음속에서 본이라는 이상적 인물의 영상이 깨어진 그날 헨리의 살인이 일어났어야 하는데, 남북 전쟁 때문에 그것이 연기되어 4년 후의 어느 날 오후에 일어난 것으로 콤슨씨는 생각한다.

사실 남북 전쟁은 남부 사회가 안고 있는 근본적인 모순인 인종차별주의에서 기인한 것이었다. 인종차별주의는 섯펜의 계획 속에서도 분명히 나타나는 문제인 만큼 섯펜의 계획 역시 남북 전쟁의 원인과 무관하지 않다. 가문의 몰락이라는 섯펜의 개인적인 위기가 남북전쟁과 같은 시기에 진행되는 것도 이 때문이다. 남북 전쟁이 발발하기 직전인 1860년, 12월 24일에 백인 장자 헨리가 장자권을 포기하고 아버지 집을 떠나고 남북 전쟁과 더불어 섯펜의 집과 농장이 황폐해지는 것은 섯펜의 문제와 남부의 문제의 관련성을 나타내는 것이다. 이런 역사적 인식이 결여되어 있는 콤슨씨는 섯펜의 몰락을 그저 운명의 힘 때문인 것으로 해석하는 데 그친다.

콤슨씨의 역사적 인식의 결여는 과거의 인물들을 바라보는 그의 시각을 통해서도 잘 드러난다. 그는 한때 살아 숨 쉰 과거의 인물들을 이해할 수 없다는 생각을 지니고 있다(we are not supposed to know)(100). 그는 그들을 "잊혀진 서랍에서 낡고 바랜, 그래서 조각조각 부서질 것 같은 종이와 같이 발굴된 화학공식"에 비유한다(101). 그리고 그들을 "단순한 말, 상징"으로 여긴다. 그들은 "피비린내 나고 끔직한 인간사의 우연들을 배경으로" 잘 해독될 수 없는, 하지만 고요한 그림자 같은 모습을 띠고 있다고 본다. 콤슨씨는 남부의 역사에서 대재앙으로 경험된 남북전쟁을 "우연적으로 일어난 끔직한 사건"으로 구성하고, 남북 전쟁의 원인 제공자인 섯펜 같은 백인 농장주를 영웅의 상징, 운명과 상황의 희생자의 상징으로 해석하는 것이다.

섯펜을 영웅으로 보든, 혹은 운명과 상황의 희생자로 보든, 콤슨씨의 이 시각은 섯펜의 가해자적인 측면을 산과하는 경향이 있다. 그 시각은 백인 농장주라는 귀족계급의 일원이 되기 위한 섯펜의 계획이 종속시키고 배제시킨 타자들, 예컨대, 흑인, 여성, 하층계급의 고통을 보지 않는다. 콤슨씨는 섯펜이 농장을 구축하는 과정에서 착취한 흑인 노예를 야만적인 존재, 이름도 언어도 없는 존재로 구성함으로써 그들에게 인간적인 위치를 부여하지 않는다. 흑인들은 그들의 지배자인 섯펜의 강력한 힘을 강조하는 존재에 불과하다. 콤슨 씨는 또 남부 가부장 사회에서 사랑과 결혼의 의미, 여성의 지위에 대한 정확한 지식을 가지고 있으면서도 부조리한 현실 속에서 기인한 여성의 내면적 고통을 읽지 못한다. 그는 편견과 고정관념을 가지고 여성을 바라보거나, 혹은 남부 문화가 이상적으로 조장하는 여성의 모습에 비추어 여성을 바라본다. 사랑보다 이익을 중심으로 결혼하고 가장 상층에 속하는 백인 여성들조차 '소나 개나 말'처럼 매매되는 상품에 불과한 현실, 백인 농장주의 방탕한 성생활, 따라서 낭만적 사랑이란 이런 가혹한 현실을 가리는 기만에 불과하다는 것임을 그는 알면서도 그 상황이 여성에게 가하는 고통을 전혀 알지 못한다. 그는 여성의 어리석음과 비현실성과 속물성과 악한 본성을 강조하는 데 그친다.36) 그는 로자가 읽어내는 엘렌의 절망과 슬픔을 전혀 알지 못한다. 그는 엘렌을 그저 속물적이고 현실에서 유리된 비현실적인 존재, 어리석고 허영에 찬 존재, 고난에 직면해서 남을 보호해 줄 수 없는 나약한 존재로만 읽어낸다. 반면, 주디스에 대해서는 드물게 긍정적인 시각을 유지하는데, 그것은 주디스를 이상적

---

36) 그는 『소리와 분노』에서처럼 여성들을 비하하고 경멸적으로 묘사한다. 그는 여성이 "강도짓에 대한 친화력을 타고 났다(that affinity for brigandage in women)"(78)라고 하는가 하면, 여성들은 천상의 약속과 같은 여성 특유의 무기를 사용해서 남을 잘 유혹한다(208)고 말한다. 또 여성들은 성인과 조촐하게 결혼하느니 악하고 성대하고 결혼하는 것을 택하는 허영에 가득 찬 존재라고 본다. 그리고 여성의 유일한 존재이유는 사랑과 아름다움과 기분전환의 기능을 담당하는 것이라고 생각한다.

인 남부 귀부인의 모습으로만 보기 때문이다. 그는 주디스가 사랑에 정직하고 충실한 점, 육체성이 느껴지지 않는 순결한 사랑을 한 점, 그리고 고통스러운 현실에 대면해서 침착하고 고요하게 견디는 자세, 전쟁의 소용돌이에서 집을 꾸려나갈 뿐 아니라 상처 입은 병사들을 치료하는 강인함을 지닌 자세를 높이 평가한다. 그가 가치 있게 평가하는 그녀의 이 자질은 남부 귀부인에게 부과한 자질과 동일하다. 그는 주디스의 차분하고 고요한 태도 배후에 있는 것, 즉 본에 대해 품은 사랑의 열정과, 남부 귀부인의 위치에서 고아, 노처녀의 위치로 내려오는 것에 따른 내적 고통에 대해서는 알지 못하는 것이다.

콤슨씨가 유일하게 내적인 부분에 관심을 기울이는 존재는 백인 아들 헨리이다. 그런데 그는 헨리의 갈등을 아버지와의 갈등으로 읽어내지 않고 벗인 본과의 관계에서 일어나는 갈등으로 읽어낸다. 그는 헨리와 아버지의 갈등은 그저 통상적으로 일어나는 부자간의 갈등에 불과한 것으로 여긴다. 콤슨씨가 보기에 헨리의 문제는 자기가 이상적으로 생각하는 모델 인물의 허위와 부정의를 발견한 데서 생긴 문제다. 헨리의 우상, 숭배자, 스승이었던 본, 너무나 좋아해서 누이를 통해 결합하고 싶었던 인물인 본, 그래서 그의 명예를 위해 아버지의 집까지 포기했던 본이 사실은 이중혼의 징본인이었다는 사실을 알았을 때 헨리가 느끼는 심리적 충격과 슬픔을 콤슨씨는 가장 중심적인 위기의 장면으로 설정하는 것이다.

그러므로 콤슨씨가 퀜틴에게 들려주는 이야기는 아버지 인물인 섯펜의 근본적인 모순에 대면하고 있지 않다.

C. 퀜틴: 부성적 인물에 대한 비판적 거리

몰락해 가는 가문의 후손이면서 현재의 남부 사회의 주역이 될 백인 아들 퀜틴은 소설 속에서 섯펜 가문의 이야기를 전해 듣는 청자이면서 동시에 섯펜 가문에 관한 이야기를 들려주는 화자이다. 그는 여러 화자들 중 하나이지만 소설의 처음부터 끝까지 등장하면서 다른 화자들의 주된 청중 역할을 하는 초점 화자이며 그가 들은 이야기들을 새롭게 재구성하는 창조적인 해석자이다. 그러므로 섯펜을 중심인물로 다루는 이 소설에서 그 역시 중심적인 역할을 하는 인물이다. 포크너 역시 이 점을 명시하고 있다. 그는 이 작품의 중심인물이 섯펜인지 퀜틴인지 묻는 질문에 대해, 섯펜이 중심인물이기는 하지만, 애초에 이 소설은 자기가 사랑한 지역의 나쁜 특징들을 미워하는 퀜틴의 증오에 대한 이야기였다고 답변한 바 있다(*Faulkner in the University* 71).

퀜틴 콤슨은 전후 2세대로서 섯펜으로 대변되는 구남부의 세계로부터 한층 멀리 있는 스무 살의 젊은이다. 그러나 그 역시 유서 깊은 가문의 후손이라 섯펜을 포함한 구남부에 관한 이야기를 들으며 성장해 왔다. 그런 의미에서 그는 남부에 관한 "여러 이야기들의 산물"(Kartiganer 902)이기도 한 것이다.

퀜틴은 그것과 더불어 성장해 왔다. 단지 이름들은 서로 바꿀 수

있었고 또 무수히 수가 많았다. 그의 유년기는 그 이름들로 가득 차
있었다: 그의 육신은 우렁찬 패배를 의미하는 이름들이 울려 퍼지는
텅 빈 홀이었다: 그는 한 존재, 한 실체가 아니라 하나의 공화국이었
다. 그는 고집스럽게 뒤를 돌아보는 유령들로 가득 찬 막사였다.

Quentin had grown up with that: the mere names were intercha-
ngeable and almost myriad. His childhood was full of them: his very
body was an empty hall echoing with sonorous defeated names: he
was not a being, an entity, he was a commonwealth. He was a
barracks filled with stubborn back-looking ghosts ⋯⋯ (12)

그가 들은 이야기 속에 등장하는 인물들은 역사 속에서 '패배'한
존재라는 점에서 동일하므로 서로 이름이 바뀌어도 상관이 없는 존
재들이며, 과거 속에 매장되지 못하고 현재의 주변을 배회한다는 의
미에서 유령 같은 존재들인데 이들 존재가 퀜틴의 몸을 가득 채우고
있는 것이다. 그래서 퀜틴 자신은 자유로운 개인이 되지 못하고 그
들을 담는 "텅 빈 홀," "공화국," "막사" 같은 존재가 되었다고 느끼
는 것이다. 자신 속에 이런 과거의 망령들이 가득 차 있는 퀜틴은
신남부에서 태어나고 자랐음에도 불구하고 1865년에 이미 죽은 구
남부와 상한 유대감을 형성하고 있다. 이런 유대감은 퀜틴 스스로
원해서 얻어진 것이라기보다 남부에 태어났기 때문에 어쩔 수 없이
가지게 되는 것이다. 그리고 이 유대감은 현재의 남부에서 견고한
자리를 잡지 못하게 하므로, 퀜틴을 구남부의 유령들과 같은 존재로
만드는 경향이 있다.

아직 유령이 되기엔 너무 젊지만, 그 모든 것에도 불구하고 신남부에 태어나 자랐다는 이유 때문에 유령이 되어야 할 퀜틴 콤슨.

...... the Quentin Compson who was still too young to deserve yet to be a ghost, but never the less having to be one for all that, since he was born and bred in the deep South ...... (9)

이것이 퀜틴이 생각하는 자화상이다. 유령이 될 수밖에 없는 존재로 자신을 생각하는 퀜틴은 아버지 콤슨씨와 마찬가지로 남부 역사의 미래에 대한 기대가 없다. 그는 패배주의와 비관주의를 내면화하고 있다. 이는 로자가 자신을 소환한 이유에 대해 생각하면서 아버지와 같이 나누는 대화에서 잘 나타난다. "남부 땅이 섯펜가를 몰락시키고, 또 그녀 가족을 몰락시켰다 한들 그게 어떻다는 거죠? 남부는 우리 이름이 섯펜이든, 콜드필드이건 간에 상관없이 우리 모두를 언젠가 파괴시킬 텐데 말이죠."(12)라고 말을 하는 퀜틴은 '모든 싸움에서 지게 되어 있다'는 아버지의 태도를 반복하는 것이다.

하지만 퀜틴에게는 부담스러운 남부인의 정체성으로부터 벗어나고자 하는 의식이 있다. 패배와 좌절의 삶, 실체 없는 유령 같은 삶을 살아야 하고, 그리하여 아버지처럼 체념하고 냉소적이 되거나 로자처럼 억누를 수 없는 분노를 발하고 사는 남부인의 정체성을 벗어던지고 새로운 정체성을 만들고자 하는 욕구가 퀜틴에게 있는 것이다.[37]

---

37) 그에게 있어 새로운 정체성을 만드는 문제는 "콤슨 장군 이후 콤슨가의 남자 후손들이 장군에게서 시작한 실패와 패배주의의 반복을 피할 수 있는가" 하는 문제라고 존 어윈은 지적하고 있다(69).

하버드 대학으로의 진학은 그의 이런 욕구를 충족시켜 줄 가능성을 제공하는 듯하다. 북부에 소재하고 있는 하버드 대학은 퀜틴으로 하여금 "젊은이가 할 일이 거의 남아 있지 않은"(9) 후진적인 남부를 벗어나게 하고 새로운 현실에 대한 적응력을 키워 가문을 일으킬 성공적인 삶을 제공할 기회를 주리라 기대되는 곳이다. 그렇기 때문에 어머니 콤슨 부인이 그토록 그의 대학 진학을 소원했으며, 아버지 콤슨씨는 마지막 남은 땅덩어리까지 팔아가며 학비를 댄 것이다.

하지만 퀜틴은 남부에 대한 이야기에서 벗어날 수 없다. 퀜틴이 남부의 과거 망령들로부터 자유롭지 못한 것은 단지 사람들이 그에게 남부 이야기를 하거나 혹은 남부에 관한 이야기를 하도록 그에게 요구하기 때문만은 아니다. 그 이유는 보다 깊은 데 있다. 그것은 바로 퀜틴 스스로 망령에 이끌리는 성향을 가지고 있다는 사실이다. 그는 자신을 유령같이 만드는 남부, 패배한 남부를 미워하며 거기서 도망가고 싶어 하면서도, 다른 한편으로는 섯펜으로 대변되는 구남부의 아버지 망령에 매혹되는 마음이 있는 것이다.

섯펜에 대한 그의 이끌림은 어떤 면에서는 현실의 무능한 아버지를 대신할 이상적 아버지 모델에 대한 기대로 설명될 수 있다. 섯펜은 유약한 아버지 콤슨씨와 대조적으로 불굴의 의지, 담대한 용기를 지닌 강인한 남성이고 아버지 콤슨씨가 인정하듯 난쟁이 같은 현대인과 대비되는 '거인' 같은 존재이며, 여러 면에서 신적 존재에 비견되는 '영웅적' 인물인 것이다. 하나님이 무에서 이 세계를 창조하셨듯이, 그는 무에서 자신의 가문과 대저택을 이루어 냈고, 하나님이 천지를 창조하실 때 '빛이 있으라' 하여 빛이 생겨났듯이, 그 역시

"섯펜 저택 있으라"(9) 하고 명령하여 "마치 테이블에 카드 패를 꽝 하고 놓듯이"(8) 땅위에 저택을 내려놓은 것처럼 묘사된다. 섯펜은 한마디로 "입법자, 명명자, 실제적이고 비유적인 의미에서 존재를 만들어내는 자"로서의 매력을 가지고 있는 것이다(Boone 209).

그렇게 볼 때 이 소설은 현대 사회의 주역이 될 백인 아들 퀜틴이 과거 사회를 형성한 아버지 유령과 대면하는 이야기라고 볼 수 있다. 햄릿이 아버지 유령과 대면해서 그 유령으로부터 엄청난 진실을 전해 들으면서 '아버지 유령을 기억할 것'과 '아버지의 살인에 대한 복수'의 임무를 부여받듯이, 퀜틴도 로자가 불러낸 아버지 유령과 대면해서 과거 사회에 대한 진실을 밝혀내고 자기 사회에서 자신이 해야 할 바를 알아야 하는 것이다. 소설 속에서 과거 이야기를 나누는 장소가 무덤 같다고 자주 묘사되는 이유가 여기에 있다. 유령을 불러내기에 가장 적합한 장소는 무덤인 것이다.

퀜틴으로 하여금 섯펜 유령을 다시 만나게 촉발하는 계기는 로자의 죽음을 알려오는 아버지의 편지였다. 편지는 아버지와 나누었던 9월의 여름날의 그 등꽃냄새와 날파리와 아버지의 담배연기를 다시 환기시키면서 시끌벅적한 유령들을 퀜틴의 기숙사 방에 다시 불러모았다고 묘사된다. 이 편지로 인해 다시 만나게 된 유령들의 실체를 퀜틴이 파악하게 되리라는 것을, '판도라 상자'라는 비유를 통해 우리는 전달받을 수 있다. 인간에게 금지된 진실이 숨어 있는 판도라 상자에 그 편지가 비유되고 있는 것이다.

편지와 더불어 퀜틴에게 섯펜의 망령을 다시 불러내도록 하는 것은 그의 동료 슈리브다. 북부 캐나다 출신인 그는 퀜틴에게 남부에 대한 이야기를 해 달라고 요청한다. 슈리브는 언뜻 보아 남부 지역과 아무 상관이 없는 국외자로 보인다. 포크너도 슈리브는 퀜틴의 이야기에 사실성을 부여하기 위해 창조된 인물이라 한 바 있고(David Paul Regan 재인용), 그 외 여러 비평가들이 그를 20세기의 독자와 같은 입장에 있다고 보았다. 가령 브룩스 같은 비평가에 의하면 슈리브는 역사에 별로 관심이 없고, 가족, 인종, 지역의 유대감이 없는 리버럴한 20세기 독자를 대변한다(신문수 재인용 72). 소설 속에서도 두 사람의 대조가 두드러진다. 퀜틴이 수척하고 창백하며 우울하고 뚱한 기질을 가지고 있으며 추위에 민감한 반면, 슈리브는 몸집이 크고 애기 같이 보드라운 분홍빛 피부를 가진 천사 같은 얼굴을 가지고 있으며, 나이가 같은 데도 불구하고 퀜틴보다 더 어려 보인다고 묘사된다. 이런 대조적인 모습은 역사에 짓눌려 있으면서 나이보다 겉늙은 퀜틴과, 역사적 짐에서 자유로우며 따라서 상대적으로 환멸이라든가 고뇌의 경험이 적을 수밖에 없는 슈리브를 대조시키기 위한 것으로 보인다. 슈리브는 분명 퀜틴보다 더 거리를 두고 남부 역사를 바라보며, 때로는 '벤허 이야기' 같은 허구적 이야기로까지 남부이야기를 바라보기도 하는 것이 사실이다.

그러나 두 사람 사이에는 대조만 있는 것은 아니다. 두 사람은 같은 해에 태어났을 뿐 아니라, 미시시피 강으로 연결된 존재이다. 미시시피 강은 "자연의 육지를 관통하고 그 유역의 인간정신을 꿰뚫고 흐를 뿐 아니라 그 유역의 환경의 모든 것을 결정하는 힘을 지니고 있어 위도와 기운을 조롱하고 있는"(258) 곳이라고 묘사되고 있다. 이 말은 곧 퀜틴과 슈리브가 어떤 위도와 기온 속에서 자라났던지

간에, 그 위도와 기온의 차이 같은 것은 아무 것도 아니게 만들어 버리는 결정적인 환경 밑에 같이 놓여 있음을 의미한다. 그들이 이 강으로 연결되어 있다는 것은 슈리브 역시 남부인으로서의 퀜틴의 운명에 완전 국외자는 아니라는 것을 뜻한다. 슈리브는 캐나다인으로 설정되어 있지만 여기서 북부인의 시각을 대변하는 존재이다. 그리고 슈리브의 시각을 북부인의 시각과 연결시키는 것은 퀜틴으로 하여금 남부의 지배이데올로기로부터 거리를 유지할 수 있게 하기 위한 소설적 장치다.

슈리브와 퀜틴을 잇는 공통점은 이 뿐만이 아니다. 그들은 백인 남성이라는 같은 위치 속에서 이야기를 서술한다. 그러므로 그들이 하는 이야기는 콤슨씨의 목소리와 혼동되기도 하는 것이다. 퀜틴은 거리를 두고 냉소적으로 이야기하는 슈리브의 말을 들으면서 아버지가 말하는 것 같다고 느끼며, 슈리브 역시 퀜틴의 말 속에서 퀜틴의 아버지의 말투와 뉘앙스를 느낀다. 콤슨씨, 슈리브, 퀜틴의 음성이 이렇게 서로 서로 혼동되는 것은 그들의 시각의 공통성을 드러내는 것이라 할 수 있다. 그들의 공통된 시각은 아버지 인물과 아들에 대해서 많은 관심과 애정을 보이는 반면, 로자나, 엘렌, 주디스 같은 여성인물에 대해서는 대상화시키고 단순화시키는 태도에서 잘 드러난다. 그리고 그들의 공통점은 무엇보다 아버지 인물인 섯펜과 그들의 분리될 수 없는 관계에서 비롯된다. 다음 구절은 그 점을 잘 보여준다.

그래. 아마 우리 둘 다 아버지야 …… 그래, 우린 둘 다 아버지야. 혹은 아버지와 나는 둘 다 슈리브야. 어쩌면 슈리브가 있기 위해 아버지와 내가 필요했을지도 모르겠어. 아님 아버지가 있기 위해 슈리브와 내가 필요했을 수도 있고. 아니야. 어쩜 우리 모두가 있기 위해 섯펜이 있어야 했는지도 모르겠어.

Yes. Maybe we are both Father …… Yes, we are both Father. Or maybe Father and I are both Shreve, maybe it took Father and me both make Shreve or Shreve and me both to make Father or maybe Thomas Stupen to make all of us(261-2).

여기서 주목할 점은 퀜틴이 자신과 아버지, 슈리브를 같은 '아들'의 위치에 놓고 있다는 점이다. 이는 아버지 콤슨씨가 '권위 있는 아버지'의 위치보다 '실패한 아들'의 위치에 있음을 보여주는 대목이라 할 수 있겠다. 그리고 '아들'의 위치에 있는 이 세 남성 화자들은 아버지 인물인 섯펜과 불가분의 운명으로 얽혀 있다. 섯펜은 그들의 존재의 기원인 것이다.

그런 의미에서 퀜틴에게 있어 아버지 인물의 탐구는 곧 자신의 자아에 대한 탐구가 된다. 아버지 인물은 자신의 존재의 기원이면서 동시에 자신이 동일시해야 할 이상적인 존재이기 때문에 그러하다. 그들이 로자나 콤슨씨에 비해 섯펜가 이야기에서 1-2세대 떨어져 있음에도 불구하고 감정적으로 깊이 개입하는 섯도 그 때문이다.[38]

퀜틴과 슈리브의 서사에서 특징적인 것은 섯펜의 종말에 대한 시

---

38) 그런데 그들은 '아들'의 위치에 있기 때문에 아버지 인물에 대해서는 비교적 객관적으로 접근하는 반면, 아들들인 헨리와 본에 대해서는 그들의 감정에 동화되어, 마치 과거 속에 자신들이 다시 돌아간 듯한 느낌까지도 전달한다.

각이다. 그들은 웅대하던 섯펜의 저택이 흉가, 폐가로 변해 있고, 섯펜의 혼혈 딸인 클라이티와 본의 혼혈아들이 낳은 혼혈의 백치 아들, 짐 본드(Jim Bond)만이 살고 있는 현실의 변화가 무엇을 의미하는지 알기 위해 섯펜의 시초에 대한 이야기로 돌아간다. 그들은 로자가 구체적으로 알지 못한 섯펜의 어두운 과거, 콤슨씨가 용광로 같은 경험이라 일컫은 섯펜의 과거에 대한 이야기를 풀어나가는 것이다. 그들은 마치 콤슨씨가 섯펜이 제퍼슨에 처음 도착했을 무렵의 광경부터 농장을 구축하는 과정을 역사적인 사실성 속에서 묘사하듯이, 섯펜의 유년기와 청년기를 역사적 조망 속에서 서술한다. 섯펜 자신이 퀜틴의 조부에게 직접 말한 것으로 전해지는 섯펜의 유년기는 그의 미천한 계급에 대한 언급과, 그때 그가 겪은 충격적인 경험, 그리고 그 경험에 대한 복수를 위해 백인 농장주가 되기까지의 계기를 우리에게 제공한다. 그들의 이 이야기는 포터가 지적하는바, "가부장적 권력이 사회적으로 구성되는 과정"을 제공한다("Absalom, Absalom!(Un)Making Fathers" 81).

섯펜의 과거는 영웅적이고 거대한 존재 배후의 모습, 즉 '닫힌 문 뒤에서 거절당한 무력한 소년'의 모습을 제시한다. 섯펜은 웨스트버지니아가 미합중국으로 통합되기 이전의 산골 마을에서 자라났다. 문명과 거의 단절된 그 산골 마을은 사회에서 밀려나 더 이상 갈 곳이 없는 가난한 백인들이 마지막으로 정착해 원시적인 공동체를 형성해 살아가는 곳이다. 그런 의미에서 이 마을은 남부 사회의 성립 초기를 이룬 변경 지역의 마을을 대변한다고 할 수 있다. 이곳은 생존을 위한 싸움을 하느라 모두 여유가 없는 생활을 영위해야만 했기 때문에 소유 개념이나 권력 개념이 형성될 여지가 없었다.

하지만 그곳은 이상적인 공동체는 아니었다. 그곳에서도 역시 힘의 논리가 작용했다. 단 그 힘이 소유가 아니라, "남성적 힘, 폭력, 공격성"에서 나온다는 깃이 다를 뿐이었다(Richard Pearce 122). 그런 의미에서 섯펜이 자라던 변경 지역을 형성하는 힘과 남부 미시시피 사회를 형성하는 힘이 근본적으로 다르지 않았다.

섯펜이 평지 마을로 내려오는 경험은 그로 하여금 인종적 계급적 분리를 목격하게 하는 면에서 중요한 의미를 지닌다. 평지마을은 산골 마을에서는 볼 수 없는 것을 그에게 보게 하는데, 그것은 바로 잘 정리된 토지와, 강제노동에 시달리는 흑인 노예, 흑인 노예 감독관, 그리고 큰 저택을 가지고 호화롭게 사는 백인 농장주의 모습이다. 그리고 그는 또한 자기 아버지 같은 백인 하층민이 흑인들에 대한 폭력을 통해 열등감을 해소하는 것도 목격한다. 그가 목격하는 것은 계급적, 인종적 차별에 근거한 사회질서, 즉 아버지 세계의 질서에 다름 아니다. 하지만 그는 이런 현상들을 그저 바라 볼 뿐 그 현상들이 함축하는 의미를 알지 못한 상태이다.

그가 사회의 질서, 아버지 세계의 질서의 근본 원리를 인식하게 되는 것은 상처를 통해서이다. 그에게 인식의 계기를 마련한 것은 바로 백인 농장주의 닫힌 문 앞에서 거부당한 경험이다. 아버지 심부름으로 평소에 그가 감탄의 시선으로 바라보던 부유한 백인 농장주의 집에 갔을 때, 전할 말을 꺼내기도 전에 흑인 집사로부터 '뒤로 돌아가라'는 말을 들은 것이 그에게 엄청난 충격과 상처로 각인된다. 그의 이 경험은 포터의 지적대로 두 가지 점에서 큰 의미를 지닌다(182). 첫째, 그것은 사회의 문화적 질서, '아버지의 법'에 대한 인식의 계기를 그에게 제공하고, 두 번째, 그것은 그로 하여금 '아버지의 법'을 내면화하는 계기를 제공한다.

이전에 그는 빈부의 차이가 그저 어디에서 태어나느냐의 운의 문제로 보았기 때문에 빈부 차이에 큰 의미를 부여하지 않았었다. 그는 "소유가 곧 남을 경멸하는 것과 연결"(221)되는지 몰랐다. 그는 자신을 '가난한 백인 하층민(poor white trash)'으로 호명한 경험을 겪고 나서야 비로소 소유와 권력의 관계에 대해 눈을 뜨기 시작한다. 그런 의미에서 이 경험 이전의 그는 아버지 세계로 나아가기 전 단계, 모성과 분리되지 않은 단계에 있었다고 볼 수 있다.[39]

이 경험을 통해 그가 깨달은 것은 자기가 겪은 문전박대의 경험이 단지 자신을 무시한 흑인의 문제가 아니라는 사실이다. 그가 알아낸 바에 의하면, 그것은 바로 백인 농장주와 백인 하층민의 문제였다. 부유한 백인 주인의 시각으로 하층민인 자기 가족들을 바라보았을 때, 자기 가족은 그저 짐을 가득 실은 "가축"(235)에 불과하다는 것을 그는 알게 된다. "아무 희망이나 목적 없이 세상으로 잔인하게 내뱉어져서 세상에 알을 까고"(235) 그리하여 그 후손으로 지상을 가득 채우는 존재, 누더기 같은 옷을 그저 백인이라는 이유로 비싸게 사 입어야 할 존재, 집이라고 해봐야 겨우 "썩은 벽, 새는 지

---

39) 그가 자신의 외상 경험의 의미를 알기 위해 들어간 장소가 '숲속의 동굴 비슷한 장소'였다는 것은 그가 아버지 세계에 나아가기 전 단계임을 알게 해 준다. 동굴을 '아버지의 법'이 작용하기 이전의 공간, 모성적 공간으로 볼 때 그는 아직 모성과의 분리 과제를 수행하지 않은 것으로 보여질 수 있다.

붕"(236)에 불과하고 사시사철 신발을 벗고 살며 짐승이나 견딜 노동을 하는 존재가 바로 자기 가족들이었다.

그의 이런 인식은 그의 가족이 사회에서 처한 입장을 정확히 반영한다. 그의 인식은 백인 상층계급과 비교해서 비참한 삶을 사는 하층계급의 삶에 대한 정확한 계급적 인식인 것이다. 자기가 속한 가족의 비천함, 상층계급에게서 받은 모멸감에 대한 인식은 강한 폭발력을 지닌 것이어서 이전의 순진했던 그를 부수고 새로운 자아를 성립하게 인도한다. 그런데 여기서 주목할 점은 그가 선택하는 새로운 자아의 모델이 자기 가족을 비천하게 바라본 백인 농장주라는 사실이다. 그는 백인 농장주에게 직접 저항하기보다, 그를 복제함으로써 복수를 시도한다.

훌륭한 총을 가진 사람과 싸우기로 했으면 제일 먼저 할 일은, 빌리든, 훔치든, 만들든 간에 좋은 총 비슷한 것을 가져야 한다. …… 그런데 나의 문제는 총의 문제가 아니었다. 그래서 그들과 싸우려면, 그들이 한 것을 할 수 있게 한 그 소유물을 가져야 한다. 그들과 싸울 수 있는 땅, 흑인, 근사한 저택을 가져야 하는 것이다.

If you were fixing to combat them that had the fine rifles, the first thing you would do would be to get yourself the nearest thing to a fine rifle you could borrow or steal or make, …… But this aint a question of rifles. So to combat them you have got to have what they have that made them do what the man did. You got to have land and niggers and a fine house to combat them with(238).

그런 의미에서 그의 복수는 어원의 지적처럼, "실제적인 아버지"를 부인하고 자기에게 모욕을 준 "권력 있는 아버지"와 자신을 동일시하는 것을 의미한다(99). 그리고 이 동일시한 아버지를 자신의 이상으로 내면화한 것이 된다. 그렇게 볼 때 아들인 섯펜은 '부성의 지배력,' '아버지의 법'을 내면화하여 아버지의 위치에 서려고 한 것이라 볼 수 있다. 그의 계획이 '땅, 흑인, 근사한 저택' 외에도 '아들'을 필수 항목으로 포함하는 것은 그 때문이다. 아들은 그의 이름을 영속화시키고 그의 지위를 확고하게 해 줄 남성들의 왕조 건립에 꼭 필요한 존재인 것이다. 그리고 이때 그 아들은 백인의 순수 혈통을 가져야 한다. 이렇게 볼 때 그의 계획은 가부장적 이상의 실현에 다름 아니다. 그리고 그 가부장적 계획은 물적 기반과 흑인의 노예 노동, 자궁으로서의 여성의 기반 위에서 아들을 통해 완성된다.

섯펜이 계획 완수를 위해 한 첫 번째 일은 돈의 축적이다. 그는 자기가 알고 있던 모든 얼굴과 관습에 등을 돌리고, 자기 계획에 도움이 될 미지의 장소, 서인도 제도로 간다. 그가 서인도 제도를 택한 것은 "머리와 용기만 있다면 가난한 자도 부자가 될 수 있다"(242)는 선생님의 말 때문이었다. 선생님의 이 말과 실제 그곳의 상황은 그곳을 서구의 제국주의 식민지와 연결시킨다. 그곳에는 이백여 년에 걸친 흑인에 대한 가혹한 착취가 존재하고, 그 착취와 억압 속에서 흑인의 피를 비료로 해서 백인 농장주의 저택과 농장이 세워진 곳이다. 그곳은 "하나님이 창조하셨지만 하나님이 포기한 곳," "폭력, 부정의 유혈, 인간의 탐욕과 잔혹함에 대한 사탄적 욕구가 펼쳐지는 극장(a theatre for violence and injustice and bloodshed and all the satanic lusts of human greed and cruelty)"(250)이라고 묘사되는, 일종의 도덕적 공백 지역이다. 도덕성은 돈에 부수되고, 반짝이는 돈의 광채는 금이 아니라 피에서 나오는 것이라고 묘사되고 있다.

섯펜의 첫 경력이 이런 도덕적 혼돈 지역에서 출발한다는 것은 앞으로 목격하게 될 그의 도덕적 불감증을 예고한다고 할 수 있겠다. 타인에 대한 냉혹한 착취와 억압, 타인의 피를 대가로 생기는 돈에 대한 불감증 없이는 이곳에서 성공할 수 없기 때문이다. 이곳에서의 그의 경력은 제퍼슨에서의 경력이 가지는 패턴을 예고한다.

처음에 그는 사탕수수 농장을 경영하는 백인 농장주의 노예 관리인으로서 경력을 출발한다. 노예 관리인이란 위치는 백인 농장주의 이익에 봉사하는 위치로서 흑인들을 통제하고 지배하는 일을 주된 임무로 하는 위치이다. 흑인에 대한 그의 통제력과 지배의 능력이 가장 잘 나타난 사건은 흑인 폭동 진압 사건이다. 그는 다수의 성난 흑인들이 궐기해서 일어난 폭동을 혼자의 힘으로 진압함으로써, 위기에 빠진 백인 농장주와 딸을 구해내는 데 성공한다. 이 일을 계기로 그가 부와 백인 농장주의 딸을 얻게 된다는 것은, 이 사회가 강인한 남성적 힘에 기반을 둔 사회라는 것, 그리고 여성이 남성들의 교환 대상이라는 것을 보여준다. 백인 농장주의 딸과 그가 맺어지게 된 계기는 '사랑'이 아니라, 백인 농장주와 농장주의 이익에 봉사한 섯펜 간의 거래인 것이다. 그렇게 볼 때 이 관계는 이해관계가 해소될 때 쉽게 깨어질 수 있는 것이라 할 수 있다. 섯펜 측에서 볼 때 이해관계가 무너진 계기를 제공한 일은 출산이다.

나는 그녀가, 비록 그녀의 잘못 탓은 아니지만, 내가 마음에 품고 있던 계획에 부수되거나, 그 계획을 증진시켜 주지 못하며, 또 그럴 가능성도 없다는 것을 알게 되었죠. 그래서 그녀에게 살 방도를 주고 그녀를 치워 버렸지요.

I found that she was not and could never be, through no fault of her own, adjunctive or incremental to the design which I had in my mind, so I provided for her and put her aside(240).

아내와 그의 아들이 그의 계획에 도움이 안 된다고 판단했을 때 그가 취한 행동은 이혼이다. 그는 그들에게 돈을 주어 그들을 자기 인생에서, 자기의 기억에서 완전히 배제시킨다. 그가 그 일을 완벽하게 잊을 수 있는 것은 자신의 행동에 대한 정당화가 잘 되어 있기 때문이다. 그가 자신을 정당화한 논리는 두 가지다. 하나는 자신은 자신의 비천한 신분을 비롯해서 자신의 불리한 모든 점 등을 다 밝혔음에도 불구하고 아내 쪽은 한 가지 사실, 그것도 자기 계획에 치명적인 해를 가할 한 가지 사실을 숨겼다는 것이고, 다른 하나는 자기가 가진 재산을 아내와 아이에게 모두 줌으로써 사람들의 기대나 법이 정하는 것보다 더 많은 것을 주었다는 것이다. 그의 이런 생각은 어느 정도 타당성을 갖는 것은 사실이다. 나중에 본이 생각하듯, 모든 재산을 아내와 아이에게 준 것은 관대한 행위임에 틀림없는 것이다. 그리고 자신은 모든 것을 다 털어놓았는데 상대방이 무엇인가를 감춘 것을 알았을 때 배반감을 느낄 만도 하다. 그러나 그럼에도 불구하고 마음의 상처를 돈으로 보상할 수 있다고 믿고 자신이 상처

준 자들에 대해 완전히 잊어버리는 태도는 그의 도덕적 단순성과 자기중심주의를 드러내는 것이라 할 수 있다.

제퍼슨은 성공의 문턱에서 좌절된 그에게 새로운 출발을 허용하는 곳이나. 이곳에서 그는 서인도 제도에서 그가 터득한 전술을 사용하되 보다 정교하고 치밀한 전략을 사용한다. 흑인 지배, 출처가 모호한 돈, 불굴의 의지, 잠시도 긴장을 풀지 않으면서 자신에게 필요한 것을 찾아내는 관찰력, 이해관계를 통한 결혼이 그가 구사한 전략들이다. 그의 성공과정과 관련한 이력에 대해서는 콤슨씨의 서술과 달라지는 바가 없다.

퀜틴과 슈리브의 서술이 콤슨씨의 묘사와 두드러지게 다른 부분은 섯펜의 몰락을 바라보는 시각이다. 콤슨씨는 섯펜의 몰락을 운명, 아이러니, 보복, 상황 등과 같은 인간들의 이해를 넘어선 어떤 존재에 의해 일어난 것으로 본다면, 퀜틴과 슈리브는 섯펜이 계획에서 배제하고 거부한 요소에 의해 섯펜의 몰락이 진행된다고 본다.

섯펜의 가부장적 이상이 배제하고 억압한 존재는 흑인과 하층민과 여성이다. 그러므로 흑인과 하층민과 여성은 섯펜의 가부장적 이상이 안고 있는 모순을 가장 잘 드러낼 수 있는 존재들이다. 그런데 퀜틴과 슈리브는 아버지 콤슨씨와 마찬가지로 남성 중심적 시각을 견지하고 있으므로 여성의 억압적인 현실에 대해서는 심각하게 인식하지 않고 있다. 그러므로 그들의 서사에서 재현되는 주디스나 본의 어머니는 대상화되고 단순화되어 있다. 그들이 통찰의 힘을 발휘하는 부분은 하층민 워시와 혼혈 아들 본의 시각을 도입하는 부분이다. 하층민 워시와 흑인 아들 본의 시각을 도입한다는 것은 백인아들들인 그들로서는 타자의 시각을 도입하는 의미를 띤다. 그것은 퀜틴이 남부의 지배 이데올로기에서 거리를 두고 있다는 것을 시사한다.

그들이 로자나 콤슨씨와 달리 지배 이데올로기와 거리를 둘 수 있는 것은 북부에 위치한 그 기숙사 방과 남부 지방의 거리 때문에 가능한 것으로 서술된다. 물론 이때의 거리는 물리적인 거리가 아니다. 그것은 기숙사 방이 섯펜의 논리와 윤리의 해독의 영향을 가장 덜 받는 곳, 말하자면 지배 이데올로기의 영향을 가장 덜 받는 곳이라는 의미를 띠고 있다.

> 이 방은 그것(추론)에 바쳐진 곳일 뿐 아니라, 그것을 위해 따로 설정된 안성맞춤인 곳이었다. 왜냐하면 다른 어떤 곳보다 바로 여기가, 그것(논리와 윤리)의 해를 가장 덜 받는 곳이므로 ― 그들 둘은 마치 최후의 참호 속에서 인양, 퀜틴의 그 미시시피의 망령에게 No라고 말하면서 등을 맞대고 있었다.

> this room not only dedicated to it but set aside for it and suitably so since it would be here above any other place it (the logic and the morality) could do the least amount of harm ― the two of them back to back as though at the last ditch, saying No to Quentin's Mississippi shade ······ (280)

이 구절은 이데올로기적 거리로 인해 그들이 아버지 인물에게 거절의 말을 할 수 있다는 것을 중요하게 함축하고 있다. 사실 남부는 그 어느 곳보다도 선조의 영향력이 컸던 곳이었다. 블레이카스탄의 말을 빌면, "선조가 그렇게 강력하고 전능한 유령"이었던 곳은 남부 외에 다른 어떤 지역에서도 찾아보기 힘들었다("Fathers in Faulkners" 122). 그러므로 부성적 인물의 영향을 벗어나는 일이 쉽지 않았다. 부성적 인물을 거절하는 것이 얼마나 힘든가 하는 것은 부성적 인물이 "지속적으로 큰 그림자를 드리우는 존재," "살아서보다 죽어서 오히려 천배는 더 강력한 영향력을 끼치는 존재"라는 묘사를 통해 잘 알 수 있다.

그런 의미에서 그들의 이야기의 핵심은 왜 부성적 인물을 거부하는가 하는 데 있다. 그들이 부성적 인물을 거부하기 위해 도입하는 타자의 시각, 즉 워시 존즈의 시각과 찰스 본의 시각은 그들의 이야기에서 가장 열기와 공감을 부여받으면서 진행된다. 짐짓 경박하거나 퉁한 태도를 취하면서 이야기에 거리를 두고 싶어 했던 그들이 이야기 속에 몰입되는 부분이 바로 그들의 이야기인 것은 그 때문이다. 워시 존즈의 시각을 도입해서 섯펜을 바라보는 장면을 이야기할 때 퀜틴은, 마치 로자가 그러했듯이, 구두점도 단락도 없이 말을 진행하고 있다.

워시 존즈는 섯펜과 같은 가난한 백인 하층 출신으로서 로자에 의해 "짐승 같은 놈"(134)이라는 경멸을 받은 인물이다. 그는 섯펜을 주인공으로 한 비극에서 그 극을 끝내는 역할을 한다는 의미에서, 그리고 섯펜을 실제로 죽게 만든다는 의미에서 슈리브와 퀜틴에 의해 "묘지기(grave-digger)"에 비유되는 인물이다. 그는 친구도 거의 없이 거의 20여 년간을 섯펜 농장 주변부에서 지내면서 섯펜을 우상으로 섬기며 지내온 인물이다. 그는 "만약 신이 몸소 이 땅을 밟

으신다면 섯펜 같은 모습일거야"(182)라는 생각까지 가지고 있을 정도로 그를 숭배한다. 그가 섯펜에 대해 가지고 있는 이미지는 "멋있는 종마를 탄 자부심에 넘치는 멋진 남자"(184)의 모습과, 그와 더불어 들리는 말발굽소리이다. 남성적 힘과 용감성을 상징하는 이런 이미지는 섯펜이 남북 전쟁에서 패하고 돌아와 호구지책으로 조그만 가게를 내고 있는 상황 속에서도 전혀 손상받지 않는다. 워시 존즈의 눈에 섯펜은 그를 패배시킨 모든 양키들보다도 큰 존재이며, 섯펜의 모습은 불멸의 모습으로 굳어져 있다.

섯펜에 대한 워시의 이런 숭배는 백인 하층민들이 지배 계급인 농장주의 이데올로기를 얼마나 깊이 내면화하고 있는가를 잘 보여준다. 그리고 지배 계급에 대한 하층민들의 이런 동화가 흑인에 대한 극심한 차별의식과 관계있다는 것을 워시의 극단적 인종차별의식을 통해 알 수 있다. 흑인들이 하나님에 의해 야만족, 노예로 살도록 운명 지어진 존재라고 보고, 흑인들이 자신보다 잘 사는 것을 심정적으로 용납할 수 없는 그의 모습은 경제적 박탈감을 흑인에 대한 차별과 분노로 표출한 하층민들의 경향을 잘 대변한다.

섯펜에 대한 그의 이상화와 숭배가 깨어지는 것은 자신을 비롯한 하층민을 바라보는 섯펜의 근본적인 경멸, 무시에 대한 인식을 통해서이다. 이런 인식의 계기를 마련한 것은 손녀 밀리 존즈의 출산이다. 워시 존즈가 섯펜에게 거의 바치다시피 한 외손녀가 '아들 낳는 자궁'의 역할에 실패하자 섯펜은 그녀를 가축보다 못한 존재로 취급한다. 밀리 존즈가 아이를 낳던 날 섯펜의 말인 페넬로페도 새끼를 낳았는데 섯펜은 밀리 존즈가 딸을 낳았음을 알자, "암말이 아니어

유감"이라고 하면서, "암말이면 헛간이라도 줄 텐데"라는 모욕적인
말을 던진다(185). 섯펜의 고압적이고 비인간적인 태도는 밀리 존즈
가 낳은 아이가 아들인지 딸인지 알아보려고 할 때에도 이미 잘 나
타난다. 그는 채찍으로 밀리 존즈 옆에 누운 아이를 가리키면서 "암
말"인지 "수말"인지 묻는 것이다.

워시 존즈는 집 바깥에서 섯펜이 한 말을 듣고, 자기와 외손녀의
존재의 의미를 충격적으로 깨닫는 순간을 가진다. 그리하여 그는 그
인간적인 모욕감에 격분하여 섯펜을 낫으로 찔러 죽이는데, 살인 후
체포당할 때까지 그가 이루는 계급의식은, 섯펜이 유년기에 계급의
식을 깨닫던 장면처럼, 만만치 않은 무게를 담고 있다. 섯펜의 계급
의식은 그를 지주계급으로 상승하게 하는 힘으로 작용했지만, 그의
계급의식은 더 이상 출구가 막힌 상태에서 이루어 내는 것인 만큼 비
극적인 느낌을 전달한다.[40]

그는 그동안 백인 농장주였던 섯펜과 동화시켜 흑인들을 경멸하면
서 살아왔지만, 이 부분에서 그는 자신 같은 하층 부류와 지배층의
넘을 수 없는 간극에 눈뜨게 된다. 그는 자신을 잡으러 올 사람들이
섯펜 부류의 농장주들일 것임을 안다. 그는 이제까지 "희망과 찬탄
의 상징"(289)으로만 농장을 보았는데, 그 농장이 자신 같은 하층 부
류의 사람들에겐 "절망과 슬픔의 도구"(289)이기도 했음을 깨닫는다.
자신의 삶은 "일생을 불속에 던져지는 마른 콩깍지처럼 짓밟히

---

40) 캐롤린 포터에 의하면 워시 존즈의 묵시론적 절망은 소년기의 섯펜의
절망을 반영할 뿐 아니라, 미국 독립 선언서에 주장된 자유와 평등의 정
치적 개념에 의존한 정체성의 허약함을 반영한다(*Seeing and Being* 236).

는"(291) 인생이었음을 슬프게 인식한다. 그리고 생전 처음으로 양키들 내지 다른 군대가 "용감하고 긍지에 차있고 늠름한"(290) 농장주들을 패배시킨 이유를 알 수 있을 것 같다고 생각한다. 그리고 용감한 그 농장주들이 아무도 안돌아왔으면, 섯펜이나 자신이 차라리 태어나지 않았더라면 하고 생각한다. 그토록 찬탄하고 숭배하던 섯펜의 존재의 절멸을 바라는 것은 백인 농장주로서 섯펜이 자신과 같은 하층계급에게 가한 착취와 억압에 그가 눈을 떴기 때문이다.

워시 존즈의 삶이 자신의 출신 계급에 대한 섯펜의 철저한 부인을 부각시킨다면, 찰스 본은 섯펜의 50년 전의 모습, 즉 '닫힌 문 앞에 선 무력한 소년'의 운명을 되풀이한다. 섯펜은 자신을 거부한 문의 집보다 더 크고 더 흰 집을 혼자의 힘으로 짓는 데 성공한 후 '그 문을 쾅하고 닫아버리는데,' 그 문이 가장 거부하는 존재가 바로 찰스 본이다. 로자의 장에서 낭만적인 연인으로 구성되던 찰스 본, 콤슨씨의 서술에서 헨리의 우상이고 스승이자 세련된 운명주의자, 혹은 꿰뚫을 수 없는 그림자 같은 존재요 신화 같은 존재, 혹은 자신이 처한 환경과 불일치를 이루는 정신적인 고아로 구성되던 찰스 본의 실체를 퀜틴과 슈리브는 새롭게 구성해 나간다. 찰스 본의 유년기와 대학에서 헨리와의 관계, 그리고 주디스와 섯펜에 대한 그의 관계에 대해 이야기하는 부분이 그들의 대화에서 가장 절정을 이루는 부분이다. 특히 찰스 본의 유령이 그들의 이야기 속에서 모습을 드러내는 시각이 밤 12경인 것으로 미루어, 그들이 만나야만 했던 유령이 바로 찰스 본의 유령이었음을 우리는 알 수 있다.

찰스 본의 유령은 그들의 서사에서 비로소 보다 명확한 실체를 부여받는다. 우리는 섯펜의 유년기를 그들을 통해 듣게 되듯이, 찰스 본의 유년기에 대해서도 그들을 통해서만 들을 수 있다. 사람의 몸에서 태어난 것 같지 않다고 콤슨씨가 말하던 찰스 본의 유년기의 특징은 '아버지 없는 아들'이라는 것이다.

그는 아버지인 섯펜에게 버림받아 복수심과 분노에 불타는 어머니와, 돈 많은 어머니에게 고용된 변호사 사이에서 만들어진 존재다. 그의 어머니는 로자와 마찬가지로 "버림받고 복수심에 불타는 여성"의 운명을 재현하는 존재다.[41] 그녀의 삶은 오직 섯펜에 대한 분노와 복수심으로 일관한다. 그렇기 때문에 아들 본에 대해서도 그의 존재 자체를 사랑하기보다 복수의 도구로 쓰기 위해 먹이고 입히고 씻기고 재웠다고 묘사된다. 한편 그녀에게 고용된 변호사는 오직 돈만 생각하는 사람으로서 때에 따라 본의 어머니에게 거짓말을 일삼으며 돈을 빼돌리려고 애쓰는 인물이다. 본은 특별한 유년기, 즉 아버지는 없고 감정적인 분출을 이기지 못하는 어머니와 사사건건 간섭하는 변호사 속에서 자라는 자신의 유년기에 대해 별다른 문제의식 없이 자라다가, 나중에 커서야 자기의 유년기의 존재 의미를 알게 된다. 어머니가 섯펜의 죽음을 알리는 편지를 읽을 때의 모습을 보았을 때 그는 자신이 어머니의 복수의 도구였다는 것을 명확히 깨닫는 것이다. 그가 해석한 자기 존재의 의미는 "경주마," "비옥한 부

---

41) 그런 면에서 그의 어머니는 로자와 비슷한 모습과 태도를 취한다. 철사 같이 뻣뻣한 회색 머리칼에 항상 검은 드레스를 입고 있는 그녀는 "축축한 스토브," "걸레와 물통만 들면 될 것같이 누추한 모습"으로 비유된다. 꺼진 재를 연상시키는 축축한 스토브와 죽음을 연상시키는 검은 옷은 그녀가 영위하는 삶이 얼마나 생명과 거리가 먼 삶인가를 잘 보여준다.

토(rich rotting dirt)," "집, 가족, 심지어 마을까지도 다 산산조각 낼 다이나마이트 같은 존재"(306)로서의 의미이다.

하지만 그는 이 사실에 대해 분노하고 저항하기보다는 쾌락으로 도피하거나 체념하는 운명의식을 가지는 것으로 반응한다. 이렇게 볼 때 그의 운명의식은 콤슨씨가 설명하는 것처럼 세련된 귀족적 인생관을 드러내는 것이라기보다, 아버지가 부재한 현실에서 배태된 것이라 할 수 있다. 그는 아버지가 부재한 현실에서 어머니가 아버지에 대한 복수를 결코 포기하지 않을 것임을 알기 때문에, 그리고 그런 의미에서 자기는 결코 어머니를 이길 수 없다는 것을 알기 때문에 수동적이고 체념적인 태도를 취하게 된 것이다. 그의 운명의식은 그로 하여금 아무 것도 상관하지 않는 태도와 미소 비슷한 표정으로 나타난다.

대학에서 시작되는 헨리와 본의 관계에 대한 퀜틴의 서술은 콤슨씨의 서술과 다르다. 콤슨씨는 풋나기인 헨리 / 세련되고 노숙한 본의 대조를 중심으로 서술하면서, 헨리의 입장에서 본에게 이끌리는 감정을 강조하고 헨리의 그 감정을 동성애적 이끌림으로 채색하는 반면, 슈리브와 퀜틴은 그 두 사람의 감정을 형제애적인 감정으로 구성한다. 본은 헨리를 대학에서 보았을 때, 자기보다 10년이나 어린 헨리의 얼굴에서 자신과 닮은 모습을 보았다고 묘사된다.

그는 나의 이마와 머리와 턱과 손을 가지고 있구나.

He has my brow my skull my jaw my hands(314)

헨리 역시 본을 사랑하되 벗이라기보다 '형'으로서 사랑했다고 서술된다.

> 만약 내게 형제가 있다면 어린 남동생이 아니라 형이었으면 좋겠어. …… 그리고 난 형이 꼭 너 같았으면 좋겠어.
>
> If I had a brother, I wouldn't want him to be a younger brother …… No. I would want to him to be older than me …… And I would want him to be just like you(316).

이처럼 두 사람이 형제애로 연결되어 있다는 것은 두 사람의 애정의 뿌리가 그만큼 단단하고 깊다는 것을 함축한다. 그런데 본과 헨리의 형제애는 서로 다른 감정을 낳는다. 본의 경우 헨리에 대한 형제애는 그에게 아버지 부재의식과 그리움, 아버지 밑에서 자란 헨리에 대한 선망과 질투를 낳는 데 반해, 헨리의 본에 대한 형제애는 형에 대한 완전한 복종, 자발적인 복종을 낳는다.

본은 헨리에게서 자신의 모습을 발견한 순간 아버지에 대한 부재의식에 시달리면서 자신과 닮은 헨리의 모습을 통해 아버지 모습의 흔적을 찾으려고 애쓴다. 아버지에 대한 그리움이 강렬할수록 부재의식에 더욱 시달리고, 그 부재의식은 자동적으로 아버지의 보호 아래 자라 온 헨리에 대한 선망과 질투로 발전한다.

> 내 것이 흘러나온 것과 똑같은 원천에서 유래했으되, 조용한 평온과 만족에서 생겨나, 단조로웠을망정 햇살 속에서 안정되게 달려 온

이 육신과 뼈와 정신 ……

> this flesh and bone and spirit which stemmed from the same source
> that mine did, but which sprang in quiet peace and contentment and
> ran in steady even though monotonous sunlight …… (317-8)

아버지 있는 헨리가 "햇살," "평온," "만족" 속에서 자라났다면 아버지 없는 자신은 "증오와 분노와 원한(hatred and outrage and unforgiving)" 속에서 생겨나 그림자 속에서 인생을 살아왔다고 찰스 본은 말하고 있다(318). 헨리와 자신의 대조에 대한 이런 인식은 그들의 관계의 핵심적인 부분을 잘 포착하고 있다. 아버지의 이름을 지니고 아버지의 유산을 물려받는 백인 아들과 아버지의 이름과 유산이 거부되는 흑인 아들의 대조적인 관계가 이 구절에 잘 녹아 있다. 특히 흑인은 사회에서 그림자처럼 실체 없이 살아야 하는 존재임을 감안할 때, 자신의 인생을 '그림자' 속에서 살아온 인생으로 바라보는 그의 인식은 예리한 진실을 표현하고 있다.

한편 자신을 향한 본의 이 선망과 질투의 감정을 알 길이 없는 헨리는 형같이 느껴지는 본에게 자신의 모든 삶 뿐 아니라 누이인 주디스의 삶까지도 전적으로 맡기는 태도를 취한다. 그의 말과 그의 태도는 본에 대한 "완전한 복종(complete surrender)"(320)의 태도를 함축한다.

> 지금부터 나와 내 누이의 집은 너의 집이 될 것이고 나와 내 누이의 삶은 너의 삶이 될 것이야.

From now on mine and my sister's house will be your house and mine and my sister's lives your life(318).

그녀와 나의 삶의 존재는 네 속에서, 너에게 달려 있을 거야.

Hers and my lives are to exist within and upon you(325).

헨리와 본의 관계가 형제 같은 관계로 묘사되기 때문에 주디스는 그들의 관계를 매개시켜 줄 '그릇'이라기보다 보통의 '백인 누이'로 구성된다. 슈리브는 본과 주디스의 관계를 사랑의 관계로 묘사하되, 로자나 콤슨씨의 경우와 달리 낭만적으로 채색되는 정도가 덜하다. 하지만 두 사람의 관계를 철저히 본 위주로 묘사하고 주디스를 대상화시키고 단순화시키는 점에서는 콤슨씨의 담론과 유사하다. 슈리브는 콤슨씨 담론에서 '빈 그릇,' '그림자,' '유령'에 비유되었던 주디스를 한걸음 더 나아가 '레몬 샤베트,' '처녀지' 같은 수동적인 이미지에 비유하고 있다. 슈리브의 서술에 의하면 주디스는 찰스 본의 씨가 뿌려지기만 하면 싹이 날 수 있도록 만반의 태세를 다 갖춘 "처녀지"(326)이고, 오직 찰스 본만 집기를 기다리는 "레몬 샤베트"(323) 같은 존재이다. 슈리브는 또 "한번 보고 더 꿰뚫어 본 여성"으로 주디스를 구성하는데, 그의 이런 태도는 주디스의 내면의 열정과 고뇌에 대해서 전혀 고려하지 않는 남성 위주의 시각을 대변한다고 하겠다.

본/주디스/헨리의 관계에서 콤슨씨는 본과 헨리의 관계를 가장 중심적인 관계로 설정했지만, 퀜틴과 슈리브는 이 관계에 섯펜을 중요하게 포함시킨다. 퀜틴과 슈리브의 추론에 의하면 주디스와 헨리의 욕망은 본을 향한 반면, 본의 욕망은 아버지 섯펜을 향해 있다. 그래서 주디스와 헨리가 자신들의 삶을 본에게 내맡겼다면, 본은 아버지에게 자신의 모든 삶의 주도권을 내맡긴다. 따라서 중요한 갈등은 헨리와 본의 관계가 아니라 본과 섯펜의 관계에서 나오게 된다. 즉 인정받지 못하는 아들 / 인정을 거부하는 아버지 사이의 갈등이 주된 갈등으로 구성되는 것이다.

찰스 본은 자신의 흑인 피를 모르고 자신을 귀족 계급에 속한 백인으로 알기 때문에 아버지의 거부 이유를 정확히 모르는 채 그가 자신을 인정해 주기만을 기다리고 있다. 그런데 그에게 있어 아버지는 그가 아무리 갈망하며 지켜봐도 결코 꿰뚫을 수 없는 존재이다. 그는 주디스와 헨리와 있으면서도 모든 관심과 신경이 섯펜으로 쏠린다. 퀜틴과 슈리브는 아버지의 인정을 받지 못하는 아들로서의 본의 고뇌를 매우 실감나게 재현하고 있다. 가령 1860년 여름, 즉 로자의 사랑이 싹튼 등 꽃 만발한 그 여름, 콤슨씨의 표현에 의하면 비극이 일어나기 전에 운명이 화창한 날씨를 퍼부어주던 그 여름에 본이 헨리의 집을 방문하고 섯펜이 없다는 것을 알았을 때 그가 느낀 마음의 동요라든가, 그해 겨울 크리스마스 때 주디스와 정원을 거닐면서도 신경은 온통 섯펜과 헨리의 대화에 가 있는 마음 상태, 그리고 무슨 일인가 터질 것 같은 예감을 느끼면서도 아무런 방향감각을 잡을 수 없는 데서 오는 절망, 자기 젊음에 대한 연민을 퀜틴과 슈리브는 생생하게 묘사하고 있다.

헨리와 섯펜의 부자 갈등의 원인에 대해서도 퀜틴과 슈리브는 콤슨씨와 다른 식으로 구성한다. 콤슨씨는 본의 이중혼이 갈등의 원인이었다고 보는 반면, 퀜틴과 슈리브는 근친상간을 주된 원인으로 구성한다. 즉 헨리와 본이 그저 형제 같은 친구가 아니라, 실제로 피를 나눈 형제인 것으로 그들은 구성한다. 그러므로 헨리가 아버지의 집을 나가 뉴올리언즈로 가는 여행을 그들은 콤슨씨의 경우와 매우 다르게 해석한다. 콤슨씨는 헨리의 청교도적 환경과 본의 뉴올리언즈 환경의 대조적인 면을 부각시키면서 헨리가 본의 정부와 아이를 만나는 장면을 가장 중심적인 장면으로 서술한 반면, 슈리브와 퀜틴은 헨리가 본의 어머니와 만나 본이 자신의 이복형제임을 발견하는 것을 중심적인 장면으로 설정하는 것이다. 슈리브와 퀜틴이 보기에 본의 정부와 아이는 헨리에게 그다지 큰 충격을 준 존재가 아니다. 헨리의 충격은 그보다 본의 어머니와의 만남과 거기서 확인하게 되는 진실에 있다.

헨리가 바로크 풍의 화려한 거실에 앉아 있는 본의 어머니를 찾아갔을 때, 본의 어머니가 헨리에게 한 가지 질문을 던진 뒤 헨리의 말을 듣고 큰 웃음을 터뜨리는데, 그 웃음소리 속에서 헨리와 본이 서로 형제라는 사실을 알게 되었다고 묘사된다. 짧게 묘사되기 때문에 울림이 더 큰 그 장면 이후 헨리의 마음의 갈등은 이중혼의 문제가 아니라, 근친상간의 문제를 둘러싸고 일어난다. 헨리와 본이 형제간이라면 주디스와 본의 결혼은 말 그대로 근친상간이 되기 때문이다. 그러므로 헨리의 갈등은 자신이 받은 교육과 유산 / 금기된 욕망 사이의 갈등으로 전개된다. 그가 물려받은 유전과 교육의 여러 목소리들은 그 결합을 안 된다고 부인하고, 또 다른 한 목소리는 그것을 허용하고자 한다. 그는 햄릿의 경우와 마찬가지로, 자신이 배운 원칙과 실제 벌어지고 있는 상황이 너무나 모순되는 상황 속에 빠져 있고, 그 상황 속에서 원칙도, 금기된 욕망도 그의 문제를 해결해 줄 수 없는 어려운 처지에 놓여 있다. 그가 이 상황 속에서 얼마나 당혹해하고 있는가 하는 것은 다음과 같은 표현이 잘 나타내고 있다.

> 잠깐. 잠깐. 내가 익숙해지게 해 줘 …… 잠깐. 잠깐. 난 익숙해질 시간이 필요해. 내게 시간을 줘야겠어.
> Wait. Wait. Let me get used to it …… Wait. Wait. I must have time to get used to it. You will have to give me time(340).

새롭게 밝혀진, 아무도 바꿀 수 없는 진실 속에서 어찌 해야 될 바를 모르는 헨리에게 시간을 준 것은 남북 전쟁이다. 그는 풀기 힘든 자신의 개인적인 문제를 남북 전쟁에 참전해서 돌파구를 마련하고자 시도한다.

한편 찰스 본은 진실을 알게 된 그에게 복수를 권유하는 변호사의 말에 저항하면서도 헨리와 대조적인 자신의 처지를 확인하지 않을 수 없다. "아버지와 안전과 만족(father and security and contentment)" 속에서 자라났고 진실을 전해 듣는 헨리와, 어머니나 변호사, 혹은 그의 아버지 중 그 어느 누구한테서도 아무 말도 못 듣는 자신의 대조를 뼈아프게 느낀다(340). 자신은 섯펜에게 말할 기회를 주고 잠잠히 기다렸음에도 불구하고 섯펜은 침묵을 지켰을 뿐 아니라 마치 자신을 쫓아내야 할 거렁뱅이나 부랑자로 취급한 것에 대한 원망과 모멸감을 본은 토로하고 있는 것이다. 본이 정말 참을 수 없어 한 것은 아버지가 자신을 알아보고도 전혀 아는 척하지 않는 그 냉담함과 무심함이다. 섯펜의 침묵과 무시는 그의 존재의 의미를 인정하지 않는 행위이기 때문이다.

본에게 있어 아버지란 존재는 그의 존재를 형성한 자이며 따라서 그에게 존재의 의미를 부여해 주는 자이다. 본에게 있어서는 아버지의 '피'만 의의가 있다. 어머니의 '피'는 아버지로부터 받은 '피'를 "더럽히고(taint)," "흐리게 하는(obscure)" 이질적인 피에 불과하다.

> 모호하게 피해가는 어두운 아버지의 머리에서 나와 걷고 숨 쉬는 모든 아들들의 육신.

> all boy flesh that walked and breathed stemming from that one ambiguous eluded dark fatherhead …… (299)

이 구절이 함축하는 것은 아들들의 육신의 근원이 아버지라는 것이다. 아버지가 없는 본 같은 존재는 주고받을 사랑이나 자부심도 없고 명예나 수치를 공유하거나 물려줄 수도 없는 것으로 묘사된다. 아버지에게서 아들로 전수되는 전통과 유산이 없는 본은 마치 고양이같이 한곳에 뿌리박지 못하고 이리저리 떠돌아다니는 존재로 구성된다. 기원과 뿌리가 없는 본에게 있어서 한 장소는 다른 장소와 같은 의미를 지닌다.

본에게 있어 아버지의 존재가 이렇게 중요하게 여겨지는 것은 남부의 가부장적 사회 질서와 관계있다. 남부의 가부장적 사회질서는 아버지를 권력의 중심에 두기 때문에 아버지의 인정, 아버지의 이름이 절대적으로 중요하다. 아버지 없는 존재로 산다는 것은 곧 사회 속에서 의미 있는 주체 위치를 얻을 수 없다는 것을 뜻했다. 그렇게 볼 때 본이 자신의 존재 의의를 아버지와의 관계 속에서만 찾는 것은 이런 가부장적 질서의 반영이라고 하겠다.

본이 아버지 섯펜으로부터 아들로 인정받지 못한 이유가 '흑인피'라는 것도 그 사회의 지배 질서를 반영한다. 남부 사회는 흑인을 보살펴야 할 '아이' 같은 존재로 구성할 뿐 성인 남자로 살 기회를 제공하지 않았다. 흑인은 법적으로 언제나 '아이'였던 것이다. 그런 점에서 본에게 아들 자리를 거부하는 것은 섯펜 개인이라기보다 섯펜이 대변하는 지배질서이다.

아버지의 인정, 지배 질서의 인정이 있을 때까지 본은 존엄한 주체 위치를 얻을 수 없다는 점에서, 본의 딜레마는 지배 질서 내에서는 해결될 수 없는 성격의 것이다. 본의 체념적 운명주의와 수동성은 바로 이런 현실에서 나온 것이다. 그것은 콤슨씨의 추론처럼 그저 귀족적인 세련된 인생관의 표현이라기보다, 그의 존재 조건의 취약함, 자기 힘으로 어쩔 수 없는 부조리한 현실에 대한 인식을 반영한다. 조셉 분의 지적처럼 아버지의 인정을 보류당한 그는 "절망적이고 마조키스틱한 기다림의 삶"을 살아야 할 운명인 것이다(218).

헨리는 자신과 본과 주디스를 둘러싸고 일어나는 문제가 '흑인피'의 문제와 직결되어 있다는 사실을 모른다. 그러므로 그가 갈등하는 문제는 오직 근친상간의 문제이다. 헨리의 마음의 갈등과 그로 인한 고뇌가 얼마나 치열하고 깊은 것이었나 하는 것은 전투에서 부상당한 그가 차라리 죽기를 바라는 대목에서 잘 알 수 있다. 콤슨씨가 서술한 것과 다르게 부상당한 본을 헨리가 구해준 것이 아니라 부상당한 헨리를 본이 구해준 것으로 서술하는 슈리브는 헨리가 햄릿처럼 자신의 상황을 풀어갈 힘이 없기 때문에 차라리 죽기를 갈망하는 것으로 묘사한다.

헨리와 본이 마음의 갈등과 고뇌 속에서 참여한 전쟁에 대한 서술은 콤슨씨보다 구체성을 띤다. 그들의 서술 속에서 남부의 패배의 책임의 문제가 거론된다. 그들은 남북 전쟁의 패배와 농장주 계급의 무능을 연결시킨다. 그들의 설명에 의하면 남부 농장주들로 구성된 장군들은 "절대적인 카스트 제도"에 의해 "천부의 권리"로서 명령을 내리는 위치에 있게 되었기 때문에 실제적인 전투를 이끌 능력이 없는 존재다(345). 지도자로서의 그들의 무능력이 전투에서 지게 된 큰 원인으로 작용했다고 그들은 보는 것이다. 그들의 이런 시각은 남부의 장군들을 불굴의 용기를 지닌 자, 패하지 않는 자로 구성한 상실된 명분 이데올로기와 거리가 있는 입장이다.

그리고 남부 장군들의 보다 근본적인 문제가 비인간적인 노예제의 수혜자이자 옹호자라는 그들의 조건에서 파생되는 깃임을 김인힐 때, 본을 아들로 인정하지 않는 데서 오는 섯펜과 본의 갈등, 그리고 이로 인해 이어지는 헨리의 형제 살해가 전쟁터에서 진행된다는 것은 남부 사회의 모순과 관련하여 매우 의미 있는 시사점을 제시한다고 하겠다.

패배에 패배를 거듭하면서 계속 후퇴하던 남부군의 무리 속에서 본은 자기 부대가 섯펜의 부대와 만날 가능성이 있다는 것을 알게 되는 순간 아버지와의 대면에 대한 기대로 또 다시 마음이 설렌다. 그는 섯펜이 4년간의 치열한 전투를 치르면서 고생을 한 사이 그가 변해있지 않을까 하는 생각을 가지고 있다. 하지만 섯펜은 조금도 변한 것이 없다. 자기의 것과 똑같은 이목구비의 특성을 보여주는 얼굴은 여전히 "바위같이 무표정"(348)하다. 흑인 아들인 자신에게 있어 섯펜은 바위같이 완고하고 꿰뚫을 수 없는 존재인 것이다. 섯펜에게 있어 아들로 인정되는 존재는 오직 백인 아들 헨리이다. 그는 4년 전에 그랬듯이 헨리만을 불러들이고 헨리에게만 진실을 이야기한다.

섯펜이 헨리를 만나는 시점은 헨리가 격심한 고통 가운데 마침내 근친상간을 인정하기로 결론을 내린 후에 일어난다. 헨리는 근친상간을 보여주는 여러 역사적인 사례들을 인용하면서 청교도적 유산과 도덕의식을 물리친다. 마치 허클베리핀이 지옥에 가는 한이 있어도 흑인인 짐(Jim)과의 관계를 지키려고 했듯이, 헨리 역시 근친상간을 인정함으로써 지옥과 같은 고통도 감수하겠다는 의식이 있다. 그가 근친상간적 결혼을 허용했다는 것은 본에 대한 그의 애정의 깊이를 드러낸다. 그리고 동시에 그것은 아버지에 대한 보다 근본적 차원의 반항을 나타낸다. 왜냐하면 장자권을 포기한 데 이어 누이마저도 근친상간의 금기로 들어가게 허용함으로써 그는 가계의 선을 차단시키고 있기 때문이다. 그런 의미에서 그는 아버지의 가부장적 계획에 더 치명적인 해를 가하는 것이 된다.

그러나 아버지에 대한 헨리의 저항은 본의 '흑인피'에 대한 진실에 직면한 순간 무너지게 된다. 본의 기대를 무참히 자르고 헨리의 부대로 찾아간 섯펜은 아들에 대한 사랑과 배려를 아낌없이 표현하면서 그에게 새로운 진실을 밝힌 것이다. 아버지가 밝힌 본의 흑인 피에 대한 진실은 헨리를 새로운 금기, 새로운 공포로 몰고 간다. 즉 '흑인과 백인 누이'의 결혼이라는, 사회에서 절대 용납되지 못하는 금기와 헨리는 직면한 것이다. 헨리는 근친상간의 금기와 달리, 인종차별법이 정한 이 금기는 넘지 못한다. 그가 이 금기를 용납할 수 없다는 것은 그의 단호한 태도를 통해 드러난다. 그는 근친상간에 대해서는 고뇌하면서 "익숙해 질 시간"을 가지려고 애썼던 데 반해 인종간의 결혼(miscegenation)의 위협 앞에서는 "자신이 해야 할 일"(355)이 무엇인지 명확하게 안다. 그가 해야 한다고 자각한 일은 바로 "흑인으로부터 백인 누이의 명예를 지키는 일"이었다.

하지만 그는 그동안 자신이 '형'으로 여기고 자신의 삶을 내맡길 정도로 애정을 주었던 존재, 그를 위해서 장자권을 포기하고 마침내 아버지의 법까지도 어기기로 결심한 대상, 찰스 본을 순식간에 '흑인'으로 구성하지는 못한다. 새로운 진실 앞에서 한숨도 자지 못한 헨리가 새벽녘에 찰스 본을 깨우고 같이 앉아 이야기하는 장면은 그들의 애성과, ㄱ 애성을 살라놓는 인종차별적 벽을 비극적으로 극화하고 있다. 헨리의 수척한 얼굴을 보자마자 그가 한숨도 자지 못했다는 것을 알아차리고 그에게 자신이 입고 있던 망토를 건네는 본의 태도는 너그럽고 따뜻한 형의 태도에 다름 아니다. 처음엔 싫다면서 거부하던 헨리도 본의 옷을 받아 걸치는 것은, 그가 아직 본을 '흑인'으로만 보고 있지 않음을 시사한다.

한편 본은 헨리가 말을 꺼내기도 전에 상황을 정확하게 파악하고 있다. 그는 헨리가 견딜 수 없는 것이 근친상간이 아니라 흑백간의 결혼이라는 것을 잘 안다. 하지만 본의 원망은 헨리를 향하지 않는다. 그의 원망은 끝끝내 자신에게 한마디 말도 하지 않고 자신을 내동댕이친 아버지 섯펜에게 가 있다. 아버지로부터 인정받지 못하고 받은 마음의 상처와 절망은 다음 구절에 잘 나타나 있다.

그리고 그는 내게 말 한마디도 전하지 않았다는 거지? 그는 나를 그에게 보내라는 말도 네게 하지 않았구나. 한마디, 단 한마디 말도 안 했단 말이지? 그게 그가 해야 할 일의 전부구나. 지금. 오늘. 4년 전이나 4년 동안 내내 어느 때라도 마찬가지지. 그게 다였어. 그는 내게 그것을 부탁하거나 요구할 필요도 없었을 텐데 말이야. 난 그것을 해 주었을 거야. 난 말했을 거야. 그가 내가 부탁하기 전에 그녀를 다시는 보지 않겠다고 말했을 거야. 헨리. 그는 이렇게 할 필요가 없었어. 날 멈추게 하려고 내가 껌둥이라고 네게 말할 필요가 없었어. 그러지 않고도 날 멈출 수 있었어. 헨리.

And he sent me no word? He did not ask you to send me to him? No word to me, no word at all? That was all he had to do, now, today; four years ago or at any time during the four years. That was all. He would not have needed to ask, require it of me. I would have offered it. I would have said, I will never see her again before he could have asked it of me. He did not have to do this, Henry. He didn't need to tell you I am a nigger to stop me. He could have stopped me without that, Henry(356).

본의 이 말은 지금까지 여러 차례 섯펜으로부터 냉정한 외면을 당했음에도 불구하고 마음속에 한 가닥 남아 있던 희망마저 깨어진 후에 나오는 절망의 외침이다. 그의 이 절망은 섯펜의 냉담함이 가지는 비인간성을 역으로 잘 표현하고 있다. 그리고 섯펜의 이런 비인간성은 사회의 지배 질서가 가지는 비인간성에 다름 아니다. 그런 의미에서 본의 절망과 고통은 사회의 지배 질서에 대한 항변의 역할을 한다.

본은 아버지에 대한 반항의 표시로 아버지 섯펜과 헨리가 가장 두려워하고 막으려 애쓰는 일, 즉 백인 딸과 결혼하겠다는 의사를 밝힌다. 하지만 그의 이 말은 아버지에 대한 반항의 의미를 담을 뿐이지 정말 그럴 의도나 의지가 있는 것은 아니다. 그에겐 백인 누이를 범하고자 하는 욕망이 없고, 또 자신에게 인정을 거부한 아버지에게 복수를 하겠다는 의도가 없다. 본의 아버지 부재는 아버지에 대한 복수를 한다고 해서 채워질 수 있는 것이 아니기 때문이다.

그러므로 복수 대신 그가 택하는 것은 자기 학대, 자아 소멸이다. 그는 흑인으로서 자신이 가지는 "다이너마트 같은" 폭발적인 위협을 헨리에게 상기시키면서 자신을 죽이도록 유도한다. 처음에 그는 권총을 선네며 헨리에게 위협물인 자신을 미리 제거하라고 권유한다. 하지만 형 같은 친구로서, 그리고 나중에는 아버지의 피를 같이 나눈 형제로서 본을 말할 수 없이 사랑해 왔던 헨리는 그를 향해 총구를 겨눌 수 없다. 그러자 본은 이제까지 귀족 계급의 백인 아들이었던 자신의 정체성을 다 부정하고 '깜둥이'의 정체성만 자신의 것으로 천명하면서 자신이 지닌 잠재적인 위협을 헨리에게 분명히 보게 한다.

틀렸어. 난. 네 형이 아냐. 난 네 누이동생과 같이 자려고 하는 깜둥이야. 네가 날 막지 않으면 말이지, 헨리.

No. I'm not. I'm the nigger that's going to sleep with your sister. Unless you stop me, Henry(358).

그는 그 위협을 보다 명확하게 보여주기 위해 헨리가 보란 듯이 주디스가 있는 집을 향해 간다. 헨리는 본의 이런 자극적인 위험한 행동에 직면하자 백인 아들로서 자신의 역할을 수행한다. 헨리는 본이 그 집 문턱을 넘으려는 순간 본을 살해한 것이다. 이렇게 볼 때 본이 넘으려한 섯펜 집의 문은 흑인인 본이 넘어서는 안 될 분계선이었고 그 분계선을 넘지 못하게 막은 이는 바로 헨리였다고 할 수 있다. 그런 점에서 장자권을 포기하고 아버지의 집을 뛰쳐나왔던 헨리는 결국 아버지 섯펜의 소총수 역할을 했다.

헨리에게 있어서 본을 살해한 행위는 누이의 명예를 지키기 위한 행위인 동시에 형제 살인의 의미를 띤다. 누이에게 자신이 그녀의 약혼자를 죽였기 때문에 결혼할 수 없다고 말할 때의 헨리는 누이의 명예를 지키기 위해 오빠의 의무를 한 자의 태도를 함축하고 있다. 이 경우 찰스 본은 그저 누이의 순결을 위협하는 흑인에 불과해진다. 찰스 본을 흑인으로만 규정할 경우 헨리는 백인 아들로서 아버지 세계의 질서를 내면화한 것이 된다. 그러나 헨리에게 있어 찰스 본은 단순한 흑인의 존재를 넘어선다. 그는 사랑하는 벗이자 형이었던 존재이다. 그러므로 그를 죽이는 행위는 그에게 극복될 수 없는 큰 상처로 남게 된다. 근친상간을 허용하겠다고 마음먹었을 때 같이 있다면 지옥도 괜찮다고 했던 찰스 본에 대한 그의 애정을 스스로 기억하는 한, 그의 삶은 말 그대로 자기만의 지옥을 사는 것이 된다. 그의 삶이 지옥과도 마찬가지였으리라는 것을 우리는 '벽장 속의 해골' 같은 존재, 혹은 '산송장' 같은 그의 모습에서 발견할 수 있다.

헨리의 삶의 지옥은 죽음을 통해서만 끝날 수 있다. 하지만 그는 죽기 전에 자신의 사적인 지옥을 퀜틴에게 보여주게 된다. 퀜틴이 로자와 함께 다 쓰러져 가는 흉가가 된 섯펜의 집에서 발견한 존재가 바로 죽어가는 헨리였던 것이다. 퀜틴은 그동안 여러 유령들을 자신의 마음속에 담고 살아 왔으나, 그들은 모두 죽은 존재였다. 그런데 죽지 않고 살아 있으되 유령처럼, 혹은 시체처럼 살고 있던 헨리의 모습을 대면했을 때, 퀜틴의 충격은 컸다. 그는 잠을 자나 깨어 있으나 헨리의 모습에서 놓여나지를 못한다. 아버지의 가치에 저항하지 못하고 아버지를 따랐으되, 형제를 죽인 상처에서 벗어날 수 없어 시체처럼 사는 헨리의 모습은 퀜틴에게 저주받은 집에 백인 아들로 사는 일의 고통을 충격적으로 각인시킨다. 아버지의 죄로 인해 시작된 저주의 고통을 아들이 짊어져야 하는 것, 그리고 아들 역시 아버지의 죄로부터 자유롭지 못하다는 것이 퀜틴이 헨리의 삶에서 확인하게 되는 사실이다. 그러므로 아버지의 집이 불타고 그 속에서 백인 아들 역시 타 죽어 가는 것은 아버지 죄의 결과로 보여질 수 있다. 아버지는 타인의 피와 고통을 대가로 그 집을 지었기 때문이다. 하지만 퀜틴의 마음속엔 그 집에서 살아남은 단 한 명의 사람이 찰스 본의 후손이라는 사실에 대한 공포감이 있다. 그의 공포감은 슈리브의 말을 통해 언어적인 표현을 얻는다.

아직 너에겐 한 명의 흑인이 남았어. 한 명의 깜둥이 섯펜이 남아 있는 거지. 물론 넌 그를 잡을 수 없고, 심지어 언제나 그를 볼 수 있는 것도 아니야. 넌 그를 써먹을 수도 없을걸. 하지만 그는 여전히 그곳에 있지. 때때로 밤에 넌 그의 소리를 들을 거야. 그렇지 않니?

You've got one nigger left. One nigger Sutpen left. Of course you can't catch him and you don't even always see him and you never will be able to use him. But you've got him there still. You still hear him at night sometimes. Don't you?(378)

내 생각엔 말이야, 머지않아 짐 본드 같은 인간들이 서반구를 정복해버릴 것 같아. 물론 우리 시대에 그런 일이 일어나진 않을 거야. 물론 그들이 북극과 남극을 향해 퍼져갈 때 그들은 토끼나 새나 마찬가지로, 색이 다시 하얗게 표백되어 하얀 눈에 비추어서도 그렇게 두드러져 보이지 않을걸. 하지만 그래도 짐 본드는 있을 거야. 그래서 몇천 년만 지나면, 자네를 바라보고 있는 나 역시 아프리카 왕의 자식으로 태어나 있을 거야.

I think that in time the Jim Bonds are going to conquer the western hemisphere. Of course it won't quite be in our time and of course as they spread toward the poles they will bleach out again like the rabbits and the birds do, so they won't show up so sharp against the snow. But it will still be Jim Bond; and so in a few thousand years, I who regard you will also have sprung from the loins ofAfrican kings(378).

여기서 슈리브가 말하는 짐 본드는 찰스 본의 후손인 백치 흑인만을 의미하지 않는다. 짐 본드는 흑인 종족을 대표하는 의미를 띤다. 앞 인용문에서 슈리브가 강조하고자 하는 것은 백인 아들 퀸틴의 통제를 벗어난 흑인의 존재이다. 백인 아들인 퀸틴의 눈앞에 없고 퀸틴이 잡을 수도 없고 부려 먹을 수도 없는 존재, 그러나 어딘가에는 분명 존재하는 흑인의 존재에 대한 시사를 앞 인용문에서 찾을 수 있다. 뒤 인용문은 짐 본드로 대변되는 흑인 종족들과 백인 종족 사이의 구별이 없어지리라는 것과, 흑인이 백인을 정복하게 될 것을 언급하고 있다. 흑인과 백인의 경계가 없어진다는 것은 남부 백인의 정체성이 가능하지 않다는 것을 의미한다. 왜냐하면 남부 백인의 정체성은 흑인과의 '다름'을 통해 구성되기 때문이다. 그런 의미에서 흑백의 경계가 무너지는 것은 남부의 백인들에게 가장 큰 악몽을 의미한다.

흑백의 구별의 붕괴를 악몽과 두려움으로 느끼는 한 퀸틴 역시 인종차별 이데올로기에서 벗어나지 못한 것이 된다. 퀸틴은 헨리와 마찬가지로 백인 누이와 흑인의 결합을 허용할 수 없다. 그런 의미에서 퀸틴은 헨리처럼 섯펜의 유산을 계승한 것이 된다.

하지만 퀸틴은 섯펜의 가부장적 이상이 찰스 본이나 워시 존즈 같은 타자에게 가한 고통, 희생의 의미를 아는 사람이다. 그러므로 그는 그 유산의 계승을 인정할 수 없다. 그는 아버지 인물인 섯펜의 망령에게 거부의 말을 한 사람인 것이다. 그렇게 볼 때 그는 유산에서 벗어날 수도, 받아들일 수도 없는 딜레마에 놓여 있게 된다. "과거에서 파낸 인종 증오의 비극"(Kartiganer 902)에 자기 역시 연루되어 있다는 인식은 그 비극의 처참함을 아는 퀜틴에게 벗어날 길 없는 악몽을 주는 것이다. 퀜틴이 죽을 수밖에 없는 이유가 여기에 있다.

　이상에서 세 화자들의 담론이 함축하고 있는 이데올로기적 입장들을 분석하고 그 속에서 부성적 인물에 대한 그들의 시각을 살펴보았다. 과거의 부성적 인물의 탐구와 관련하여 퀜틴에게 영향을 끼치는 로자의 담론과 아버지 콤슨씨의 담론은 남부의 지배 이데올로기의 영향으로 인해 섯펜의 몰락의 의미를 정확하게 해석하지 못하고 있다. 로자는 부성적 존재인 섯펜에 의해 상처입은 여성으로서 아버지 세계에 저항하는 여성의식이 있지만, 다른 한편으로는 구남부 가치를 이상화하고 구남부 세계를 정당화하는 상실된 명분의 이념의 영향권 속에 있기 때문에 섯펜의 모순을 제대로 보지 못한다. 그녀는 구남부 사회와 섯펜의 차이를 강조하기 위해 섯펜을 악마로 부각시키거나, 혹은 남부의 명분을 지키기 위해 용감하게 싸웠다는 의미에서 섯펜을 영웅, 고난받는 자, 희생자의 위치에 둔다. 그리고 섯펜의 모욕적인 제안을 통해 가부장적 사회 속에서 여성의 열악한 위치를 충격적으로 깨닫고 섯펜에게 저항하지만, 남부의 귀부인 이데올로기를 내면화하고 있기 때문에 섯펜의 가부장적 이상이 배제시키고 있는 다른 타자들, 예컨대 하층계급이나 흑인에 대한 배려나 연민이 없다. 그러므로 섯펜의 몰락의 핵심을 정확하게 알지 못하고 있다고 하겠다.

콤슨씨는 귀족 계급의 백인 남성 가부장의 입장 속에서 이야기하므로 섯펜의 모순과 만나지 못한다. 그는 섯펜을 '영웅'이나 '강한 남성'으로 찬탄하거나, 혹은 '운명의 희생자'적인 측면을 부각시킨다. 이런 시각은 상반된 시각처럼 보이나 섯펜의 가해자적인 측면을 간과한다는 점에서 공통점을 지닌다. 그는 섯펜이 가부장적 왕조를 건립하는 과정에서 배제시킨 존재들, 흑인, 여성, 하층계급에 대한 배려가 없다. 섯펜의 가부장적 왕조를 떠받친 흑인 노예 노동에 대해 그는 흑인의 '야생적인 면'을 강조함으로써 흑인에 대한 섯펜의 지배를 정당화한다. 그리고 착취당하는 흑인의 고난에 대해서보다 흑인을 다스리고 지배하는 섯펜의 힘을 강조함으로써 백인의 흑인 지배를 암묵적으로 정당화시킨다. 그는 또 남부 가부장 사회에서 여성들의 취약한 존재 조건을 알면서도 가부장적 제도에 대한 문제의식이 없고 여성들의 어리석음만 강조한다. 그리고 여성들을 남부 귀부인 이데올로기 속에서 바라보기 때문에 낭만적인 사랑을 강조하되, 육체적 열정은 철저히 배제하고 여성들을 오직 남성들의 욕망을 담는 '그릇'으로만 재현한다. 섯펜의 가부장적 계획이 함축하는 모순에 대한 그의 무지는 찰스 본의 해석에서 가장 잘 드러난다. 찰스 본은 섯펜이 가부장적 왕조를 건설하는 과정에서 배제시긴 인물을 가장 잘 대변하는 존재이다. 뉴올리언즈의 세련된 귀족이지만 1/16의 흑인피로 인해 아버지의 인정을 받지 못하는 아들인 그는 아버지에 대한 부재의식, 아버지를 향한 그리움, 아버지에게서 인정받고 싶은 욕망으로 고통받는 인물이다. 그의 이 고뇌는 섯펜이 대변하는 지배

질서 속에서 흑인을 아들로 인정하지 않는 상황과 관계있다. 그런데 콤슨씨는 찰스 본의 이런 고뇌를 알지 못하고 그를 그저 세련된 운명주의자, 헨리의 이상적인 모델로만 구성한다.

켄틴과 슈리브는 시간적으로나 지리적으로, 그리고 무엇보다 이데올로기적으로 부성적 존재와 거리를 두고 있다. 그들의 진술은 로자나 콤슨씨의 진술에 비교해서 세 가지 중요한 내용을 담고 있다. 우선 그들은 섯펜의 종말의 의미를 알기 위해 섯펜의 시초로 돌아가, '문 앞에서 거절당한 소년의 무력한 모습'을 불러낸다. 그들은 섯펜이 무력한 소년에서 백인 농장주이자 가부장으로 서는 과정을 서술함으로써 남부의 지배 질서의 가부장적 성격을 명확히 드러낸다.

두 번째, 그들의 진술은 섯펜의 종말이 콤슨씨의 설명처럼 운명, 아이러니, 보복 등에 의해 일어난 것이 아니라 섯펜의 가부장적 왕조 건립과정에서 섯펜의 의해 배제된 요소들에 의해 일어난 것임을 명확히 한다.

세 번째, 그들의 담론은 매우 중요하게 찰스 본을 '아버지 없는 흑인 아들'로 구성한다. 오직 1 / 16의 흑인 피 때문에 본이 아버지로부터 아들로 인정받지 못하는 것은 남부의 가부장적 인종차별 질서 때문이다. 그런 의미에서 아버지가 부재한 현실에서 본이 겪는 내면의 고통은 지배질서의 산물이다. 그들이 본의 내적 고뇌를 묘사할 때 그들은 가부장적 지배질서의 비인간성을 부각시키는 것이 된다. 한편 본의 흑인 피의 진실과 관련해서 헨리가 겪는 갈등은 지배질서의 강고한 힘을 부각시킨다. 말하자면 형제와 같은 우정을 나누고, 그를 위해 장자권까지 포기하며, 더 나아가 근친상간 같은 금기마저도 극복한 헨리가 '흑인피'가 함축하는 위협, 즉 '백인 누이를 더럽히는 흑인피'의 위협 앞에서 무너지며 그를 살해하기까지 한 상황은 인종적 차별의 벽이 얼마나 두꺼운지를 잘 드러낸다. 하지만 지배질서의 법에 따라 흑인을 살해했지만, 형제로서 그를 사랑했던 애정 때문에 그 상처에서 벗어날 수 없는 헨리의 딜레마는 흑백 분리의 지배질서가 백인 아들에게 부과한 도덕적 고뇌를 반영한다. 그리고 이 도덕적 고뇌는 바로 퀜틴의 고뇌이기도 하다. 퀜틴은 섯펜의 가부장적 왕조가 흑인과 하층민과 같은 타자에게 가한 희생의 대가를 알기 때문에 섯펜의 망령을 거부할 수 있지만, 그 역시 헨리와 마찬가지로 백인 누이와 흑인의 결합이라는 인종적 금기에 공포를 느끼며, 흑인과 백인의 구별이 없어지는 것을 견딜 수 없어 한다는 점에서 섯펜의 유산을 피할 수 없다. 『소리와 분노』에서 퀜틴이 죽는 이유에 대한 보다 충분한 설명이 『압살롬, 압살롬!』에 와서야 이루어진다고 볼 수 있다. 퀜틴은 구남부의 아버지 망령을 받아들이지도 거부하지도 못하기 때문에 사회의 의미 있는 변화를 이끌 수 없는 존재인 것이다.

Ⅳ. 결 론

        본고는 포크너의 남부의식, 혹은 역사의식을 고찰하고 그것을 부성탐구라는 맥락에서 살펴보았다. 포크너의 역사의식에 대해서는 평자들이 그동안 많이 언급해 왔고, 포크너의 역사의식을 1930년대 농본주의자들의 역사의식과 19세기 후반의 상실된 명분의 이념이 유포한 역사의식과의 비교를 통해 언급하는 것이 새로운 시도는 아니다. 하지만 기존의 논문에서는 포크너의 시각이 그 두 시각과 다르다는 것만 간단하게 언급하고 지나갈 뿐, 포크너와 이 두 역사의식이 연결되는 지점과 갈라지는 지점에 대해서는 구체적인 설명이 없었다. 본고는 이 두 역사적 맥락과 포크너의 연관 관계를 규명하는 것이 포크너의 역사적 통찰의 탁월함을 밝히는 데 필수적이라 보기 때문에 그 지점들을 자세하게 살펴보았다. 그 결과 다음과 같은 결론을 얻을 수 있었다.

  첫째, 포크너는 현대의 산업주의적 가치에 대한 비판 의식을 소유

했으며 그 대안적 가치를 위해 과거를 돌아보는 시선을 택했다는 점에서 농본주의자들과 같은 지점에 있다. 그러나 과거의 남부 사회를 바라보는 관점 면에서는 포크너와 농본주의자들 사이에 차이가 있다. 농본주의자들은 구남부 세계를 이상화하는 경향이 있는 반면, 포크너는 구남부 세계의 모순에 대한 인식을 정확하게 지니고 있었다.

둘째, 포크너는 유산의 일부로 물려받은 역사의식과 비판적 거리를 유지할 수 있었다. 포크너가 태어나고 자란 시기에 남부는 전쟁에서 패하고 경제적으로 열악한 식민지적 상태를 산 데서 오는 박탈감과 방어심리 때문에, 남부 사회의 모순에 대한 엄정한 인식을 허용하지 않았다. 구남부 사회에 대해 향수어린 시각을 유지하거나 구남부 사회를 신화화하는 경향이 있었다. 포크너 역시 구남부 사회에 대한 향수가 전혀 없지는 않았지만, 그의 최상의 작품은 상실된 명분 이념의 영향을 벗어나 있음을 보여준다.

사실 포크너가 이러한 역사적 통찰력에 도달하는 과정은 쉽지 않았다. 포크너 작품이 같은 주제를 그렇게 반복적으로 다루고 있는 것은 구남부 사회의 역사적 모순에 다가가기가 그만큼 힘들었다는 것을 반증한다. 하우의 지적에 의하면 "구남부를 충분히 보려는 노력이 상상력에 너무 큰 긴장을 주기 때문"에 "구남부는 재현 대상이라기보다 언제나 말없는 그림자, 참조틀"(Eric Sundquist에서 재인용 138)로서 나타난다고 할 정도로 구남부의 문제를 직시하는 일은 어려웠다.

구남부 사회의 문제를 정면으로 바라보기 힘들었던 이유는 일차적으로 구남부의 핵심적 모순이던 인종문제를 명료하게 사고하기 힘들었던 이데올로기적 환경에서 기인했다. 레스터(Cheryl Lester)가 지적하듯이, 남부의 인종차별주의는 "침묵, 우회적 방법, 모순, 부인"(133)의 방식으로 작동하고 있었기 때문에 백인 남성의 입장에서 인종문제를 바르게 인식하는 것은 매우 어려운 일이었다.

구남부 사회의 문제를 직시하기 어려운 또 다른 이유는 구남부를 건설하고 구남부를 대표하는 인물이 바로 작가 자신의 조상들이었기 때문이다. 킹(Richard King)이 지적하듯이, 포크너를 비롯한 남부의 백인 남성 작가들이 탐구의 대상으로 삼은 과거의 전통은 바로 그들의 아버지, 증조부가 주인공으로 활약한 전통이었기 때문에, 그들에 대한 근본적인 애정과 이끌림을 피하기 어려운 측면이 있었다(7). 그런 의미에서 과거 역사를 탐구하는 행위는 포크너를 비롯한 백인 남성 작가들에게 있어 그들의 조상 혹은 부성적 인물의 모순과 만나는 행위이고 그것은 그들에게 말할 수 없는 긴장과 도덕적 고뇌를 안겨주었다.

본고가 연구한 『소리와 분노』와 『압살롬, 압살롬!』은 작가가 과거의 역사에 대해 느낀 마음의 갈등과 고뇌가 극화되어 있는 대표적인 작품이다. 작가의 그 갈등과 고뇌는 퀜틴을 통해 잘 형상화되어 있다. 『소리와 분노』는 아버지 세계의 문제, 유산의 문제에 대한 작가의 초기 탐구에 속하는 작품인 만큼 아버지 세계의 문제가 퀜틴의 딜레마 속에 깊이 있게 천착되지 못하고 있다. 이 작품에서 작가는 퀜틴의 운명을 통해 죽은 아버지의 세계, 구남부의 가치에 집착하는 태도의 위험성을 보여주면서도, 아버지 세계의 실패와 궁극적으로 관계있는 인종 문제와 대면하지 못한다.

그렇기는 하나 흑인들의 존재는 퀜틴의 의식을 그림자처럼 따라다니면서 그에게 지속적인 긴장을 주고 있다. 퀜틴의 의식은 기존의 흑백 관계 속에서 흑인들을 대하지만, 그의 무의식 속에서는 흑인들의 육체성에 대한 공포와, 흑인들에게서 벗어나고 싶어 하는 마음이 있다. 그리고 흑인에 대한 두려움은 백인 누이의 순결, 구남부의 순수 문제와 연결되어 나오고 있다. 이 점에서 퀜틴의 공포는 『압살롬, 압살롬!』에 나오는 헨리의 공포와 닿아 있다. 그러나 퀜틴 자신은 이 공포에 직면하고 있지 않다. 이 공포는 그의 의식 속에서 억압되어 있고, 따라서 텍스트 내에서도 억압되어 있다.

이에 비해 『압살롬, 압살롬!』은 『소리와 분노』에서 억압되어 있던 아버지 세계의 실패의 문제를 정면으로 대면한 작품이다. 『압살롬, 압살롬!』에서 작가는 백인 아들이 과거의 부성적 인물을 만나는 과정 자체를 소설의 서사 구조로 삼아 부성적 인물에 대한 탐구를 시도했다. 그런데 과거의 부성적 인물은 죽은 상태로서 현재의 백인 아들이 직접 다가갈 수 있는 존재가 아니다. 과거의 부성적 인물을 만나는 것은 곧 부성적 인물에 대한 이데올로기적 해석들을 만나는 것임을 작가는 여러 화자들의 담론을 통해 제시하고 있다.

작가는 퀜틴에게 영향을 주는 두 담론, 로자의 담론과 아버지인 콤슨씨의 담론을 통해 부성적 인물에 대한 다양한 이데올로기적 해석들을 제시하고, 퀜틴으로 하여금 그 두 담론이 반영하고 있는 지배 이데올로기와의 거리 두기 과정을 통해 부성적 인물의 모순과 만나게 하고 있다. 그리고 그가 발견한 부성적 인물의 모순을 아버지 세계에서 가장 배제된 타자인 흑인 인물, 찰스 본의 고통과 연결시

킴으로써 작가는 구남부 사회 질서의 비인간적인 측면을 명료하게 전달하고 있다. 그리고 동시에 찰스 본의 흑인 피와 관련한 백인 아들 헨리의 고뇌와 형제 살해를 통해 작가는 지배 이데올로기의 강고한 힘을 부각시킨다. 작가는 지배 이데올로기의 힘을 피하지도 못하고 그렇다고 받아들이지도 못하는 헨리의 딜레마를 퀜틴의 딜레마와 연결시켜, 『소리와 분노』의 퀜틴이 자살한 이유에 대해 좀 더 사회적인 해석을 부가한다. 퀜틴은 섯펜의 가부장적 왕조가 흑인과 하층민과 같은 타자에게 가한 희생의 대가를 알기 때문에 섯펜의 망령을 거부할 수 있지만, 그 역시 헨리와 마찬가지로 백인 누이와 흑인의 결합이라는 인종적 금기에 공포를 느끼며, 흑인과 백인의 구별이 없어지는 것을 견딜 수 없어 한다는 점에서 섯펜의 유산을 피할 수 없다. 그 점에서 퀜틴에게는 출구가 막혀 있다.

이렇게 볼 때 구남부 사회를 형성한 부성적 인물과 관련하여 『소리와 분노』의 퀜틴의 인식과 『압살롬, 압살롬!』의 퀜틴의 인식은 매우 달라졌다고 할 수 있다. 『소리와 분노』의 퀜틴이 부성적 인물에 대해 매혹을 느끼고 그의 말이 언제나 옳았다고 본 반면, 『압살롬, 압살롬!』의 퀜틴은 그 부성적 인물의 모순과 대면하여 전율할 뿐 아니라, 그 부성적 인물과 자신을 분리할 수 없는 데서 고뇌를 느끼고 있다고 하는 것은 부성적 인물의 모순에 대한 작가의 인식이 그만큼 깊어진 것이라 할 수 있다.

한 사회의 밖에서 그 사회의 문제를 지적하는 일은 쉽다. 사회의 바깥이라는 위치가 부여하는 유리한 시각의 이점이 있기 때문이다. 하지만 그 사회 속에 살면서 그 사회의 지배적인 관념으로 굳어져 일상적인 생활의 차원에서 실천되고 있는 이데올로기의 힘을 거부하는 것은 쉽지 않다. 포크너는 와인스테인이 지적하는 것처럼, 그 사회 속에 살았던 사람이 할 수 있는 문제 제기를 했고, 그 문제 제기에 대해 백인 아들이 할 수 있는 최상의 인식을 이루어냈다(*What Else But Love* 51).

포크너의 최상의 인식을 언급하면서 '백인 아들'이라는 단서를 붙이는 이유는 포크너 소설이 남부 사회에서 흑인으로 사는 일의 고뇌를 안으로부터 잘 보여주긴 했지만, 흑인들을 독자적인 존재로 그리기보다 백인들과의 관계 속에서만 그리고 있고, 백인 아들의 의식과 고뇌에 가장 큰 관심과 공감을 나타내는 한계를 안고 있기 때문이다. 또 포크너는 로자 같은 인물을 통해 가부장 사회 안의 여성이 처한 모순적 삶의 조건을 탁월하게 형상화하고 있지만, 콤슨씨의 경우처럼 여성들의 삶에 대해 깊이 있는 관심과 공감을 유지하지 못하고 있다. 로자는 캐디와 달리 말을 할 공간을 부여받고는 있지만, 로자의 상처와 반항의 의미는 작품 내에서 남성화자들의 담론에 의해 유실되는 측면이 있는 것이다.

참고문헌

Primary Texts

Faulkner, William. *The Sound and the Fury*. Seoul: Shina-sa. 1983.
Faulkner, William. *Absalom, Absalom!* New York: The Modern Library. 1964.
Faulkner, William. *Collected Stories of William Faulkner*. New York: Vintage Books. A Division of Random House. 1950.
Faulkner, William. "An Introduction to *The Sound and The Fury*," *William Faulkner: New Perspective*. Ed. Marlys Lehmann. Englewood Cliffs: Prentice-Hall. 1983.

Secondary Texts

배보경. 「William Faulkner 소설의 여성 인물 연구」, 박사학위논문. 고려대학교. 1999.
신문수. 「이야기로서의 삶: 포크너의 『압살롬, 압살롬!』」, 서울: 「안과 밖」 제5호. 1998. 55-85.
이진준. 「윌리엄 포크너 연구: '가난한 백인'과 계급상승 주제를 중심으로」, 박사학위논문. 서울대학교. 1995.
Atkinson, Ted. *Faulkner and the Great Depression: Aesthetics, Ideology, and Cultural Politics*. Athens and London: The U of Georgia P, 2006.

Bauer, Margaret Donovan. *William Faulkner's Legacy*. Gainesville: UP of Florida, 2005.

Bercovitch, Sacvan and Myra Jehlen, eds. *Ideology and Classic American Literature*. New York: Cambridge UP, 1986.

Bleikasten, Andre. *The Ink of Melancholy*. Bloomington: Indiana UP, 1990.

Bleikasten, Andre. "Fathers in Faulkner," *The Fictional Father: Lacanian Readings of The Text*. Ed. Robert Con Davis. Amherst: The U of Massachusetts P, 1981.

Bloom, Harold, ed. *Modern Critical Interpretations: William Faulkner's* The Sound and the Fury. New York: Chelsea House Publishers. 1998.

Boone, Joseph. "Creation by the Father's Fiat: Paternal Narrative, Sexual Anxiety, and the Deauthorizing Designs of *Absalom, Absalom!*," *Refiguring the Father: The Feminist Readings of Patriarchy*. Ed. Patricia Yaeger and Beth Kowaleski—Wallace. Carvondale and Edwardsville: Southern Illinois UP, 1989.

Brooks, Cleanth. *William Faulkner: Toward Yoknapatawpha and Beyond*. New Haven: Yale UP, 1978.

Brooks, Cleanth. "Thomas Sutpen: A Representative Southern Planter?" *William Faulkner: Toward Yoknapatawpha and Beyond*. New Haven: Yale UP, 1978.

Brooks, Cleanth. *William Faulkner: First Encounters*. New Haven: Yale UP, 1983.

Carey, Glenn O. ed. *Faulkner: The Unappeased Imagination: A Collection of Critical Essays*. New York: Whitson, 1980.

Cash, W. J., *The Mind of South*. New York: Vintage Books, 1941.

Cabrier, Gwendolyn. *Faulkner's Families: A Southern Saga*. New York:

The Gordian P, 1993.

Clarke, Deborah. *Robbing the Mother*: *Women in Faulkner*. Jackson: UP of Mississippi, 1994.

Cowley, Malcolm. *The Faulkner —Cowley File: Letters and Memories, 1944 —1962*. New York: The Viking Press, 1966.

David, Blight W. *Race and Reunion*: *The Civil War in American Memory*. Cambridge: Harvard UP, 2001.

Davis, Thadious M. "'Jim Crow' and *The Sound and the Fury*," *Modern Critical Interpretation*: *William Faulkner's* The Sound and the Fury. Ed. Harold Bloom. New York: Chelsea House Publishers, 1988.

Donald, David Herbert. "A Generation of Defeat," *From the Old South to the New*. Ed. Walter J. Fraser, Jr. and Winfred B. Moore, Jr. Westport: Greenwood Press, 1981.

Deggler, Carl N. *Out of Our Past*: *The Forces That Shaped Modern America*. New York: Harper & Brothers, 1959.

Donald, Miles. *The American Novel in the Twentieth Century*. New York: Harper & Brothers, 1978.

Douglas, Ellen. *A Cosmos of My Own*. Jackson: UP of Mississippi, 1980.

Duval, John N. *Faulkner's Marginal Couple*: *Invisible, Outlaw, and Unspeakable Communities*. Austen: The U of Texas P, 1990.

Elliot, Emory ed. *Columbia Library History of the United States*. New York: Columbia UP, 1998.

Fetterley, Judith. *The Resisting Reader*: *A Feminist Approach to American Fiction*. Bloomington: Indiana UP, 1978.

Fowler, Doreen & Ann J. Abadie eds. *Faulkner and Women*. Jackson and London: UP of Mississippi, 1985.

Fowler, Doreen & Ann J. Abadie eds. *Faulkner and Popular Culture.* Jackson: UP of Mississippi, 1990.

Gwynn, Frederick L & Joseph L. Blotner. eds. *Faulkner in the University*: *Class Conferences at the University of Virginia 1957 - 1958.* New York: Vintage Books, 1959.

Genovese, Eugene D. *The Politics of Economy of Slavery*: *Studies in the Economy and Society of the Slavery South.* Middleton: Wesleyan UP, 1989.

Guerard, Albert J. *The Triumph of the Novel*: *Dickens, Dostoevsky, Faulkner.* Chicago: The U of Chicago P, 1976.

Hall, Jacquelyn Dowd Hall. "You Must Remember This: Autobiography as Social Critique," *The Journal of American History* Vol.85 No.2 Sep.(1998): 439 - 65.

Henderson, Harry. *Versions of the Past: The Historical Imagination in American Fiction.* Oxford: Oxford UP, 1974.

Harrington, Evans & Ann J. Abadie eds. *The South and Faulkner's Yoknapatawpha*: *The Actual and The Apocryphal.* Jackson: UP of Mississippi, 1977.

Holder, Alan. *The Imagined Past*: *Portrayals of Our History in Modern American Literature.* London and Toronto: Associated UP, 1980.

Holman, C. Hugh. *Three Modes of Southern Writing*: *Ellen Glasgow, William Faulkner, Thomas Wolfe.* Athens: The U of Georgia P, 1966.

Howe, Irving. *William Faulkner*: *A Critical Study.* 3rd ed. Chicago: The U of Chicago P, 1975.

Irwin, John T. *Doubling and Incest / Repetition and Revenge: A Speculative*

Reading of Faulkner. Baltimore: Johns Hopkins UP, 1975.

Jenkens, Lee. *Faulkner and Black−White Relations*: *A Psychological Approach*. New York: Columbia UP, 1981.

Jones, Anne Goodwyn. "Desire and Dismemberment: Faulkner and the Ideology of Penetration," *Faulkner and Ideology*. Jackson: UP of Mississippi, 1995.

Kartiganer, Donald M. "William Faulkner," *Columbia Literary History of the United States*. Ed. Emory Elliot. New York: Columbia UP, 1998.

Kartiganer, Donald M. "The Dislocation of Forms," *Modern Critical Interpretation*: *William Faulkner's* The Sound and the Fury. Ed. Harold Bloom. New York: Chelsea House Publishers, 1988.

Kartiganer, Donald M & Ann Abadie. eds. *Faulkner and Psychology*. Jackson: UP of Mississippi, 1994.

Kartiganer, Donald M & Ann Abadie. eds. *Faulkner and Ideology*. Jackson: UP of Mississippi, 1995.

Kartiganer, Donald M & Ann Abadie. eds. *Faulkner and Gender*. Jackson: UP of Mississippi, 1996.

Kauffman, Linda. "Devious Channels of Decorous Ordering: A Lover's Discourse in *Absalom, Absalom!*" *Modern Fiction Studies*. Vol.29 Number 2 Summer (1983): 183−200.

King, Richard H. *A Southern Renaissance*: *The Cultural Awakening of the American South, 1930−1955*. Oxford: Oxford UP, 1980.

Klein, Marcus. *Foreigners*: *The Making of American Literature 1900−1940*. Chicago: The U of Chicago P, 1981.

Lehmann, Marlys. ed. *Faulkner*: *New Perspectives*. Englewood Cliffs: Prentice−Hall, 1983.

Lester, Cheryl. "Racial Awareness and Arrested Development: *The Sound and the Fury* and the Great Migration (1915−1928)," *The Cambridge Companion to William Faulkner*. Ed. Philip M. Weinstein. New York: Cambridge UP, 1995.

Lind, Ilse Dusoir. "The Design and Meaning of *Absalom, Absalom!*" *William Faulkner: Four Decades of Criticism*. Ed. Linda Welshimer Wagner. Michigan: Michigan State UP, 1973.

Lurie, Peter. "Some Trashy Myth of Reality's Escape: Romance, History, and Film Viewing in *Absalom, Absalom!*" *Ameircan Literature* 73.3 (2001): 563−97.

Marlin, Irving. *William Faulkner: An Introduction*. New York: Gordan P, 1972.

Michaels, Walter Benn. *Our America: Nativism, Modernism, and Pluralism*. Durham: Duke UP, 1995.

Minrose, Gwin. *The Feminine and Faulkner: Reading (Beyond) Sexual Difference*. Knoxville: The U of Tennessee P, 1990.

Minter, David. "Family, Religion, and Myth in Faulkner's Fiction," *William Faulkner's* Absalom, Absalom! Ed. Harold Bloom. New York: Chelsea House Publishers, 1987.

Minter, David. *A Cultural History of the American Novel*. New York: Cambridge UP, 1994.

Moreland, Richard. *Faulkner and Modernism: Reading and Rewriting*. Madison: The U of Wisconsin P, 1989.

Morris, Wesley and Barbara Alverson Morris. *Reading Faulkner*. Madison: The U of Wisconsin P, 1989.

Morrison, Toni. "Faulkner and Women," *Faulkner and Women*. Ed.

Doreen Fowler & Ann J. Abadie. Jackson and London: UP of Mississippi, 1986.

Orr, John. *The Making of the Twentieth—Century Novel: Lawrence, Joyce, Faulkner and Beyond.* London: Mcmillan, 1987.

Page, Sally. *Faulkner's Women: Characterization and Meaning.* Everett: Edwards, 1972.

Pearce, Richard. *The Politics of Narration: James Joyce, William Faulkner, and Virginia Woolf.* New Brunswick: Rutgers UP, 1991.

Porter, Carolyn. *Seeing and Being: The Plight of the Participant Observer in Emerson, James, Adams, and Faulkner.* Middleton: Wesleyan UP, 1981.

Porter, Carolyn. "William Faulkner: Innocence Historicized," *William Faulkner's* Absalom, Absalom! Ed. Harold Bloom. New York: Chelsea House Publishers, 1987.

Porter, Carolyn. "Symbolic Fathers and Dead Mothers: A Feminist Approach to Faulkner," *Faulkner and Psychology.* Ed. Donald M. Kartiganer & Ann J. Abadie. Jackson: UP of Mississippi, 1994.

Porter, Carolyn. "*Absalom, Absalom!*: (Un)Making the Father," *The Cambridge Companion to William Faulkner.* Ed. Philip M. Weinstein. New York: Cambridge UP, 1995.

Powers, Lyall H. *Faulkner's Yoknapatawpha Comedy.* Ann Arbor: U of Michigan P, 1980.

Ragan, David Paul. *William Faulkner's Absalom, Absalom!: A Critical Study.* Ann Arbor: U.M.I. Research P, 1987.

Reising, Russell J. *The Unusable Past: Theory and the Study of American Literature.* New York: Methuen Inc., 1986.

Roberts, Diane. *Faulkner and Southern Womanhood*. Athens: The U of Georgia P, 1994.

Ross, Stephen M. & Noel Polk. *Reading Faulkner*: The Sound and the Fury. Jackson: UP of Mississippi, 1996.

Rubin, Louis D. *The Literary South*. New York: John Wiley & Sons, 1979.

Schwartz, Lawrence H. *Creating Faulkner's Reputation*: *The Politics of Modern Literary Criticism*. Knoxville: The U of Tennessee P, 1989.

Scott, Anne Firor. *Making the Invisible Women Visible*. Chicago: U of Illinois P, 1984.

Shapiro, Ann R. *Unlikely Heroins*: *Nineteenth−Century American Women Writers and the Women Question*. New York: Greenwood P, 1987.

Signal, Daniel J. *The War Within*: *From Victorian to Modernist Thoughts in South 1919−1945*. Chapel Hill: U of North Carolina P, 1982.

Signal, Daniel J. *William Faulkner*: *The Making of a Modernist*. Chapel Hill and London: The U of North Carolina P, 1997.

Snead, James A. *Figures of Division*: *William Faulkner's Major Novels*. New York: Methuen. 1986.

Stampp, Kenneth M. *The Peculiar Institution*: *Slavery in the Ante−Bellum South*. New York: Alfred A. Knoph, 1969.

Sundquist, Eric J. "The Myth of *The Sound and the Fury*," *Modern Critical Interpretations*: *William Faulkner's* The Sound and the Fury. Ed. Harold Bloom. New York: Chelsea House Publishers, 1988.

Sundquist, Eric J. "*Absalom, Absalom!* and the House Divided," *Modern Interpretations*: *William Faulkner's* Absalom, Absalom! Ed. Harold

Bloom. New York: Chelsea House Publishers, 1987.

Taylor, Walter. *Faulkner's Search for a South*. Chicago: U of Illinois P, 1983.

Trudier, Harris. *From Mammies to Militants*: *Domestics in Black American Literature*. Philadelphia: Temple UP, 1982.

Twelve Southerners. *I'll Take My Stand*: *The South and the Agrarian Tradition*. Fourth ed. Baton Rouge and London: Louisiana State UP, 1977.

Vickery, Olga W. *The Novels of William Faulkner*. Baton Rouge: Louisiana State UP, 1959.

Wadlington, Warwick. *Reading Faulknerian Tragedy*. Ithaca and London: Cornell UP, 1987.

Wagner, Linda W. ed. *William Faulkner*: *Four Decades of Criticism*. Englewood Cliffs: Prentice Hall Inc., 1966.

Warren, Robert Pen. "William Faulkner," *William Faulkner*: *Four Decades of Criticism*. Ed. Linda W. Wagner. Englewood Cliffs: Prentice Hall Inc., 1966.

Williamson, Joel. *A Faulknerian Universe*. Oxford: Oxford UP, 1993.

Weinstein, Philip M. *Faulknerian Subject*: *A Cosmos of No One Owns*. London: Cambridge UP, 1992.

Weinstein, Philip M. *What Else But Love*: *The Ordeal of Race in Faulkner and Morrison*. New York: Cambridge UP, 1995.

Weinstein, Philip M. ed. *The Cambridge Companion to William Faulkner*. New York: Cambridge UP, 1995.

William, David. *Faulkner's Women*: *The Myth and the Muse*. Monreal and London: McGrill−Queen's UP, 1977.

Williams, Raymond. *Marxism and Literature*. Oxford: Oxford UP, 1977.

Woodward, C. Van. *The Burden of Southern History*. Revised ed. Baton Rouge: Louisiana State UP, 1970.

Wright, Elizabeth. ed. *Feminism and Psychoanalysis*: *A Critical Dictionary*. Oxford: Blackwell Publishers, 1992.

Wyatt—Brown, Bertram. *Southern Honor*: *Ethics and Behaviour in the Old South*. New York: Oxford UP, 1982.

Yoder, Edwin M. Jr. "Faulkner and Race: Art and Pundity," *VQR* vol.73 no.4 Autumn (1997): 565−74.

Young, Robert. *White Mythologies*: *Writing History and the West*. London & New York: Routhledge, 1990.

Zender, Karl F. "Faulkner and the Politics of Incest," *American Literature*. vol.70 no.4 Dec. (1998):730−50.

・저자・

김영미   ・약 력・
이화여대 영문과를 졸업하고 동대학원에서 윌리엄 포크너 연구로
박사 학위를 취득. 이후 영국 로얄 할러웨이 대학에서 연구 수학한
후 현재 이화여대에서 BK 연구교수로 재직 중임.

・주요논저・
▌연구논문
「19세기 흑인 노예 반란의 문학적 재현: 윌리엄 스타이런의 『냇터너
의 고백』」
「창래 리의 『원어민』과 숙이 킴의 『통역사』에 나타난 한국계 미국
인의 정체성 문제」
「포스트모던 시대의 전기쓰기의 문제 - 윌리엄 헨더슨의 『내가 헤밍
웨이를 죽였다』」

▌번역서
『자연의 지혜』
『순례』
『한권으로 읽는 현대 영미 단편선』(공역)
『현대 문학 이론』(공역)
『포스트구조주의와 페미니즘 비평』(공역)

포크너의 남부

- 초판 인쇄 2008년 6월 30일
- 초판 발행 2008년 6월 30일

- 지 은 이 김영미
- 펴 낸 이 채종준
- 펴 낸 곳 한국학술정보㈜
  경기도 파주시 교하읍 문발리 513-5
  파주출판문화정보산업단지
  전화 031) 908-3181(대표) · 팩스 031) 908-3189
  홈페이지 http://www.kstudy.com
  e-mail(출판사업부) publish@kstudy.com
- 등   록 제일산 115호(2000. 6. 19)
- 가   격 25,000원

ISBN   978-89-534-9661-3 93840 (Paper Book)
        978-89-534-9662-0 98840 (e-Book)